Siete Necesidades Básicas del Niño

JOHN M. DRESCHER

Versión castellana de
Alicia de Zorzoli

EDITORIAL MUNDO HISPANO

EDITORIAL MUNDO HISPANO

Apartado 4256, El Paso, Tx. 79914 EE. UU. de A.

Agencias de Distribución

ARGENTINA: Rivadavia 3464, 1203 Buenos Aires
BRASIL: Rua Silva Vale 781, Río de Janeiro
BOLIVIA: Cajón 736, Cochabamba
Casilla 2516, Santa Cruz
COLOMBIA: Apartado Aéreo 55294, Bogotá 2
COSTA RICA: Apartado 285, San Pedro
CHILE: Casilla 1253, Santiago
ECUADOR: Casilla 3236, Guayaquil
EL SALVADOR: 10 Calle Pte. 124, San Salvador
ESPAÑA: Arimón 22, Barcelona 22
ESTADOS UNIDOS: Broadman: 127 Ninth Ave.,
Nashville, Tenn., 37234
GUATEMALA: 12 Calle 9-54, Zona 1, Guatemala
HONDURAS: 4 Calle 9 Avenida, Tegucigalpa
MEXICO: Calle Oriente 65-A No. 2834, México 8, D.F.
Matamoros 344 Pte., Torreón, Coahuila
NICARAGUA: Apartado 5776, Managua
PANAMA: Apartado 5363, Panamá 5
PARAGUAY: Pettirossi 595, Asunción
PERU: Apartado 3177, Lima
REPUBLICA DOMINICANA: Apartado 880, Santo Domingo
URUGUAY: Casilla 14052, Montevideo
VENEZUELA: Apartado 152, Valencia

Primera Edición: 1983

Clasifíquese: Vida Cristiana

ISBN: 0-311-46085-2
E.M.H. Art. No. 46085

10 M 1   83

Printed in U.S.A.   4825-76

INDICE

PREFACIO

David entregó a su papá el boletín de calificaciones. Mientras su padre permanecía en silencio, todavía en estado de choque emocional, David preguntó: "Papá, ¿crees que esas notas son el resultado de la herencia, o del ambiente?"

Muchos padres en el día de hoy no están seguros de si los problemas de sus hijos son el resultado de lo que heredaron o aprendieron de sus padres, o de las presiones y normas producidas por la sociedad.

Los padres de Norteamérica son los primeros en el mundo en cuanto a la compra de libros que tratan sobre el cuidado de los niños. Sin embargo, muchos de ellos se sienten impotentes y se preguntan qué o quién es responsable por la conducta de su hijo.

La educación del niño nunca ha sido una tarea fácil. Y hoy es más difícil que nunca. El mundo parece girar mucho más rápidamente. Una avalancha de nuevos conocimientos viene atropellando continuamente. Los niños están creciendo bajo circunstancias muy distintas a las que experimentaron los padres. La nueva generación se enfrenta con más competencia, más presiones fuertes de sus iguales y tremendas tensiones emocionales.

Esto significa que, más que nunca, se necesitan buenos padres. Significa que el edificar vidas lleva tiempo, tolerancia, paciencia, fe, auto-sacrificio, amor y trabajo. Sin embargo, no hay nada más recompensante que observar a un niño dirigiéndose hacia la madurez e independencia. Nunca tendremos una oportunidad superior a la de ayudar a los niños a llegar a ser personas que acepten sus responsabilidades y vivan correctamente.

Al reconocer la gran tarea de educar a los niños, podemos sentirnos paralizados por el temor, o llenos de poder por la fe. Podemos sentirnos derrotados por los peligros y problemas, o desafiados por las posibilidades y las potencialidades.

Los sicólogos, el estudio, el sentido común y la comprensión de nosotros mismos nos dicen que cada niño tiene ciertas necesidades que son básicas. También los adultos, cualquiera sea su edad, tienen las mismas necesidades. Sin embargo, los capítulos siguientes señalan que el satisfacer esas necesidades es de importancia suprema en los primeros años, cuando se están moldeando las actitudes y maneras de enfrentarse a la vida. Si estas necesidades no se satisfacen a tiempo, el niño tendrá problemas y buscará su satisfacción por caminos equivocados y muchas veces dolorosos.

El siquiatra Karl Menninger afirma que si las necesidades básicas no son satisfechas, podemos movernos en dos direcciones. Podemos retirarnos y encerrarnos en nosotros mismos, lo que se describe como una reacción de *escape;* o podemos desarrollar una reacción de *lucha,* y tomar una actitud agresiva, volviéndonos contra los demás.

Este pequeño volumen trata siete de las necesidades más importantes del niño en crecimiento (y de todos nosotros a través de nuestra vida).

Lo que se comparte en estos capítulos comenzó como conversaciones de diez minutos que precedían a discusiones más prolongadas sobre temas diversos. En el transcurso de los años cada una de esas conversaciones fue aumentada a través de lecturas, compartiéndolas en retiros y con observaciones adicionales. La forma final de estos capítulos se desarrolló después de un retiro con treinta padres en el que se discutieron y debatieron estas ideas.

Se ha hecho un esfuerzo sincero para escribir un libro

práctico, personal y realista que pueda servir a familias, grupos de discusión, clases en las iglesias, grupos en las escuelas, retiros de familia y oportunidades semejantes. Se usan numerosos subtítulos para facilitar la lectura y como referencia. Al final de cada capítulo se incluyen un cuestionario y un temario, como estímulos para la discusión.

Este libro sale a la luz con la sincera oración de que pueda ayudar a muchos padres en la dura pero feliz responsabilidad de satisfacer mejor las necesidades básicas de sus hijos.

John M. Drescher
Scottdale, Pennsylvania

INTRODUCCION

Durante muchos años hemos trabajado como un equipo profesional, asimismo, hemos experimentado el hecho de ser padres y abuelos. Por eso, cuando llegó *Siete Necesidades Básicas del Niño,* ambos lo leímos, lo discutimos y compartimos las palabras de esta introducción.

La lectura de este libro es un gozo, y anticipamos que será de valor para muchos padres. El autor conoce bien los conceptos básicos del desarrollo del niño. Los ha examinado para traer al lector la substancia de aquello en lo cual hay acuerdo general, sin recurrir a los incómodos "si", "y" o "pero".

El tratamiento dado a las necesidades de los niños está presentado en términos emocionales y espirituales. Este es un énfasis muy bienvenido en una era donde a menudo las necesidades son vistas en términos de cosas.

Las fuentes de autoridad están bien balanceadas. El autor ve claramente que los padres, los poetas, las personas de experiencia práctica tales como los jueces, tienen tanto conocimiento de las necesidades de los niños como los expertos en desarrollo infantil. Además comparte generosamente su propia y rica experiencia de forma que resulte de utilidad.

Cada uno de los temas de los diferentes capítulos está entrelazado a través de todo el libro. La disciplina, por ejemplo, ocupa un capítulo, pero también es enfocada en otros temas donde tiene relevancia.

Aunque el libro se ocupa primordialmente de los niños, no se centra tanto en los niños como en las

9

personas. Los niños son vistos como parte de una conste-
lación mayor compuesta por la familia en su mundo.

El hecho de que se haga uso de muchas anécdotas
hace que el lector piense: "El autor estaba pensando en
mí." Quizá este sea el resultado valioso del hecho de
que el material ha sido probado con grupos de padres; por
lo tanto, es realista y no demanda demasiado de ellos.

Evidentemente John Drescher espera que sus lectores le respondan. Al final de cada capítulo aparecen
cuestionarios y temas para continuar discutiendo. El
apéndice contiene un cuestionario aún mayor en cuanto al hecho de ser permisivos, cuyo agregado recibimos
con alegría.

Los lectores que aprovechen al máximo todas las
oportunidades para discutir y reaccionar a lo que el autor
dice son los que obtendrán mayor provecho del libro.
Quizá usted quiera ir aún más allá de responder a las
preguntas que se formulan y quiera hacer sus propias
preguntas. Por ejemplo:

¿Está el autor esperando demasiado de los padres?
¿No lo suficiente?

¿Debe ser la paternidad una responsabilidad ago-
biante?

¿Qué decir en cuanto a la alegría que los niños
traen a sus padres?

¿Cómo definiría yo el desafío de la paternidad?

Evelyn M. Duvall, Doctora en Filosofía
Sylvanus M. Duvall, Doctor en Filosofía
Sarasota, Florida, EE. UU. de A.

1
La Necesidad de Sentirse Importante

Y una mujer que sostenía un bebé contra su pecho dijo:
Háblanos de niños.

Y él dijo:

Vuestros hijos no son vuestros hijos.

Son los hijos e hijas de la búsqueda de identidad de la Vida.

Ellos vienen a través de vosotros, pero no son vuestros, y aunque están con vosotros, no os pertenecen.

Podéis darles vuestro amor pero no vuestros pensamientos,

Podéis albergar sus cuerpos, pero no sus almas;

Porque sus almas habitan en la casa del mañana, a la que no podéis visitar, ni aun en vuestros sueños.

Podéis esforzaros en ser como ellos, pero no tratéis de hacer a ellos semejantes a vosotros.

Porque la vida no marcha hacia atrás ni se queda con el ayer.

Vosotros sois los arcos desde los que parten vuestros hijos como flechas vivientes.

El arquero mira hacia la marca sobre el sendero en el

infinito, y El os dobla con Su fuerza para que Sus flechas puedan volar e ir lejos.

Que cuando os dobléis en la mano del arquero sea para regocijo,

Porque así como El ama la flecha que vuela, también ama al arco que permanece.

De *El Profeta,*
Khalil Gibran

*   *   *

Cuando se niega la autoestima a una persona, se le niega lo que hace que esta persona merezca ser amada. Aunque sea por el beneficio propio, si no es por ninguna otra razón, se debe hacer el esfuerzo de fomentar la autoestima en el otro, para confirmarla más bien que para atacarla. Esto no se logra con adulación, sino por un aprecio generoso de las fortalezas del otro y una generosa falta de énfasis en sus debilidades; hablando de sus puntos buenos y casi nunca de sus puntos malos. La gente que es buena con los demás hace que los demás sean buenos. —Jo Coudert

LOS NIÑOS NECESITAN SENTIRSE IMPORTANTES

Tres niños de edad preescolar estaban jugando. Durante un rato compartieron el juego juntos con mucho interés y entusiasmo. Luego dos de ellos dejaron de jugar en grupo y se pusieron a jugar solos, ignorando al tercer compañero. Poco después el niño solitario gritó: "¡Estoy aquí! ¡Estoy aquí! ¿No ven que estoy aquí?

Aun cuando el pequeño no podía filosofar en cuanto a su respuesta o analizarla sicológicamente o buscar su teología, expresó una verdad que resulta universal. Quería ser advertido y reconocido como una persona de valor.

Es esencial tener un sentido sano de valor personal. Resulta casi imposible vivir con nosotros mismos si sentimos que somos de muy poco valor o si no nos gustamos a nosotros mismos. Una persona que se siente como si fuera un don nadie va a contribuir con muy poco a la vida. Es necesario enfatizar esto aquí porque la gran plaga del sentido de inferioridad comienza muy temprano en la vida. Nosotros, los seres humanos, necesitamos ser notados, apreciados y amados tal como somos si vamos a tener un sentido de importancia.

Cierto día llevaron a un grupo de niños de primer grado a mostrarles una lechería. Al terminar el viaje, el guía dijo: "¿Hay algo que quieren preguntar?" Una mano pequeña se levantó: "¿Vio que tengo una camisa nueva?" El niño busca atención. Si no se le atiende cuando se comporta correctamente, el niño buscará atención volcando la leche, tirando las cosas al piso o en formas destructivas. Como alguien sugiriera: "Es preferible una paliza a ser ignorado."

Puede ser que el niño no coma correctamente porque ha descubierto que si se encapricha sus padres harán un gran bullicio a su alrededor. Le gusta llamar la atención. Ignore sus tácticas dilatorias, y dentro de poco estará comiendo normalmente otra vez. Un niño puede tirar cosas y encapricharse para colocarse en el centro de la escena. Otro puede gritar y vociferar, en ciertos lugares o a ciertas personas, para llamar la atención.

Si esa conducta pertenece sólo a la niñez, quizá podremos soportarla y no preocuparnos en cuanto a esos pocos años. Pero la juventud, que todavía no ha ganado un sentido apropiado de importancia personal, corre velozmente en sus autos por las carreteras, llama la atención a gritos mediante su forma de hablar o de vestirse, o pide que se le note en una docena de formas.

También los adultos llaman la atención sobre sí mismos y quieren que se les reconozca como personas. A menudo lo hacen más sutilmente, quizá mostrando algo que han hecho ellos mismos o describiendo algún lugar donde hayan estado. Las personas mayores dominarán la conversación, se vestirán de manera llamativa, buscarán un cargo u oficio de importancia, o lucharán como necios para conseguir un honor o un título, merecido o inmerecido.

Pero, ¿cómo se puede satisfacer esa necesidad de importancia básica en la vida de un niño? A veces partimos de presuposiciones equivocadas.

Tres Presuposiciones Falsas

La primera presuposición falsa es que la relación padre-hijo debe tener prioridad sobre la relación esposo-esposa. El doctor Alfred A. Nesser, de la Escuela de

Medicina de la Universidad de Emory, previene contra los hogares centrados en los hijos. El dice: "Quizá el elemento más significativo en la ruptura de matrimonios que llevan muchos años de casados es una consecuencia de vivir en el siglo del niño."

Durante muchas décadas la relación padre-hijo ha sido enfatizada con tal fuerza que, por causa del niño, las prioridades de los esposos muchas veces han sido dejadas de lado fácilmente. Después de la llegada del primer hijo ocurre una verdadera prueba. ¿Qué hará la madre? ¿Robará el tiempo y el amor de su esposo por causa del niño y obstaculizará la relación, o continuará dándole la prioridad a su esposo? Como señala un esposo: "Yo tuve una buena esposa hasta que nació nuestro primer hijo. Luego, María fue más madre que compañera."

Es bueno recordar que el matrimonio es permanente, mientras que la paternidad es pasajera. Dado que el matrimonio comienza y termina con dos personas, la principal preocupación será mantener la relación en el mejor estado posible. Cuando éste es el caso, la relación del niño tiende a ocuparse de sí misma bastante bien. Louis M. Terman escribe: "Si una esposa no ama a su esposo más de lo que ama a sus hijos, tanto los hijos como el matrimonio están en peligro." Cuando un esposo está seguro de que el amor de su esposa no ha disminuido, generalmente está más dispuesto a ayudar en el cuidado del niño y a hacer su parte en las tareas de la casa.

Nada es más básico para la felicidad y el sentido de valor del niño que el amor mutuo entre el padre y la madre. No hay mejor forma de dar al niño un sentido de importancia que permitiéndole ver y sentir la cercanía y entrega de su madre y su padre.

Los padres deben dedicar más tiempo y esfuerzos a desarrollar sus propias personalidades y relaciones. Si el padre y la madre son felices, uno con el otro, ese contentamiento se transmitirá al niño. Esto resulta no sólo en buena conducta y afecto, sino también en un sentido de valor personal.

Los padres deben mostrar su afecto y amor mutuos delante de sus hijos. El marido debe llamar a su esposa por su nombre, no "mamá". Deje "mamá" para los niños. Según dice el juez Philip Guilliam: "La falta de cariño entre padre y madre es la mayor causa de delincuencia que yo conozco."

Los padres deben dedicar su tiempo libre y sus esfuerzos a cultivar su compañerismo como esposo y esposa. Cuando los padres enriquecen sus vidas en comunión, al mismo tiempo están enriqueciendo las vidas de sus hijos y éstos pueden sentirlo.

Una segunda presuposición falsa es que el niño merece, por derecho, ser el centro de atención. Muy a menudo todo se inclina hacia el beneficio del niño o hacia sus deseos. El resultado es que formamos niños centrados en sí mismos. Si no reciben lo que quieren, probablemente van a reaccionar, o se rebelarán o se escaparán de su hogar. Su forma de vida llega a ser: "¿Qué puedo tener?" en vez de "¿Qué puedo dar?"

Jean Laird escribe: "La mayoría de nosotros queremos el amor de nuestros hijos más que ninguna otra cosa, y sentimos que el obtenerlo representa una prueba de que estamos haciendo un buen trabajo como padres. Años atrás, la mayoría de los padres quería, principalmente, el respeto de sus hijos, lo que hacía que las cosas fueran bastante más fáciles. Ellos no tenían miedo de perder momentáneamente el afecto de sus hijos durante el acto de afirmar las reglas.

"Ahora está ocurriendo una revolución sicológica en nuestros hogares. Los padres se sienten agobiados por un sentido de culpabilidad impuesto por la responsabilidad. Han sido puestos al tanto de la compleja relación emocional entre padre e hijo, y piensan en términos de causa y efecto sicológicos. Nosotros, como padres, somos llevados a creeer que todo lo que decimos y hacemos a nuestros hijos tendrá un efecto permanente para bien o para mal.

"Como resultado, muchos de nosotros nos sentimos descontentos; avergonzados, mudos y asustados — la primera generación de padres paralizados que están dejando que sus hijos prácticamente dirijan sus hogares." Los niños no deben ser el centro de la familia. El centro correcto se encuentra en la relación esposo-esposa.

Una tercera presuposición falsa es que el niño debe ser empujado lo más rápido posible a desempeñar papeles más maduros. Tenemos un problema tremendo al no dejar que los niños actúen como niños; por lo tanto, hacemos cosas ridículas. A los tres meses les elegimos juguetes con los que les gusta jugar a los padres. Los niños de tres años reciben trenes eléctricos. Muchos triciclos están parados por meses esperando a un conductor que todavía está en pañales. Vestimos a los niños de cinco años con birretes y togas para su graduación del jardín de infantes. Un pequeño dijo: "Me parece que está mal graduarme cuando no puedo ni leer."

Las niñas pequeñas, a las que les gustaría jugar a las muñecas, son llevadas al centro de la ciudad para que aprendan a bailar. Estamos frustrando a los pequeños buscándoles parejas en el primer grado, eligiéndolos para desempeñar cargos en las clases y poniéndolos a trabajar en comisiones cuando ni saben lo que esto significa. Los vestimos como si fueran adultos. En los deportes esperamos que actúen como profesionales antes de que tengan los cuerpos lo suficientemente grandes para sostener los uniformes. Los empujamos para que lean, cuando ellos siguen queriendo apilar bloques.

¿Por qué? Porque muchos padres buscan su propia realización en sus hijos. Quieren que sus hijos experimenten y logren cosas que a ellos les fueron negadas. Sus hijos llegan a ser su propio reflejo. Al obligar a sus hijos a desempeñar papeles prematuros, desarrollan sentimientos de frustración e incompetencia.

Los tres aspectos principales en que los norteamericanos y canadienses buscan sobresalir son: belleza, inteligencia y posesiones. Un niño al que se le presiona constantemente a competir, a ser superior, a sobresalir en estas cosas, en vez de ser como realmente es, va a sufrir por esto. Los sentimientos de inferioridad, que surgen del gran deseo de superioridad, crecen vertiginosamente.

Fuerzas Destructivas

Cierto hombre recuerda claramente que durante su niñez cuando llegaban visitas a su casa, sus padres solían mostrarles fotos de su hermano mayor. "¡Miren qué bebé más hermoso!" era el comentario de sus padres en cuanto a su hermano. Pero no mostraban ninguna fotografía de él. Su hermano parecía hacer siempre todo bien y estar siempre bien arreglado, mientras que él parecía siempre tener problemas. El hermano menor sentía que sus padres se fijaban en él sólo cuando se rompía algo. Una noche lo encontraron llorando en el desván, sintiendo que nadie lo quería. Si uno hiere de esta manera el amor propio de un pequeño, está haciéndole mucho más daño que una paliza, y le quedará la marca para toda la vida.

Cierto padre dijo a su hijo: "Yo no sé qué vas a hacer. No puedo imaginarme a nadie dándote empleo. Nunca vas a hacer nada en la vida." Si al niño se le dice a menudo que nunca va a lograr nada, pronto comenzará a creerlo. Si no le va bien no será totalmente su culpa. Una gran parte de la responsabilidad está del lado del padre, quien, al robar la autoestima de un niño, le está robando una cualidad dada por Dios, la cual es una de las grandes fuerzas formativas de la personalidad.

De la misma manera, el rídiculo, el sarcasmo, la burla y el desprecio dirigidos a un niño producen sentimientos de inferioridad y deben ser evitados. En un arranque de ira del padre se puede dañar la mente del niño y dejar una herida en sus emociones. Si estos sentimientos del niño se refrenan o se ocultan pueden producir síntomas neuróticos que resulten en serios problemas emocionales más adelante en su vida.

Aun el hecho de reírse de un niño que no pronuncia correctamente una palabra o que comete algún error, puede ocasionar que él sea deshonesto y que mienta para proteger su autoestima.

¿Cómo se Forma el Sentido de Importancia?

Llegamos ahora a la parte positiva.

1. *Su actitud como padre, hacia usted mismo, es básica y va a afectar la autoestima de su hijo.* Si como padre, usted tiene un sentido de valor, va a transmitir ese mismo sentido a su hijo.

2. *Deje que su hijo ayude en la casa.* Crecer es sentirse necesario. "Déjame hacerlo", dice desde muy pequeño. La tentación es alejar al niño y hacerlo uno mismo. Pero el pequeño quiere ayudar, y necesita de estas experiencias si va a aprender a ser responsable. ¿De qué otra manera va a aprender a hacer galletitas, pintar el cerco o clavar clavos?

Si se reconoce al niño desde pequeño, cuando realiza pequeñas tareas, se le está dando un sentido de importancia. Más adelante, las tareas diarias le darán un sentido de satisfacción. Bruno Bettelheim escribe: "La convicción en cuanto al valor personal viene sólo de sentir que uno tiene tareas importantes y que las ha realizado bien." Por eso, deje que el niño ayude. Evite la frase dolorosa: "Tú no puedes hacer eso."

3. *Presente su niño a otros.* Un editor amigo mío viajó a través de toda Norteamérica con relación a una revista para jóvenes. Me dijo que casi siempre podía predecir el clima de las relaciones entre los jóvenes y sus padres fijándose si éstos le presentaban a sus hijos por nombre. El nombre es tan importante para un niño como para un adulto. Cuando los padres u otras personas creen que el niño merece ser presentado por su

nombre, esto contribuye eficazmente a desarrollar su sentido de valor personal.

4. *Deje que el niño hable por sí mismo*. A menudo humillamos al niño cuando contestamos por él. Es malo que los padres respondan a las preguntas que se les dirigen a los hijos. He llegado a escuchar preguntas hechas a estudiantes universitarios, tales como: "¿Cómo marcha el estudio?", donde un padre respondía: "Oh, le va muy bien. Ella está en la lista de los mejores"; o, "Lo pusieron en el equipo de fútbol".

En un grupo de consejeros de jóvenes, se expresó la preocupación de que cuando buscan a un joven para ser entrevistado, a menudo son los padres los que hablan. Sin duda esto es gran parte del problema.

¿Por qué hablan los padres por los hijos, minando su respeto propio y restándoles importancia? Porque los padres no respetan al niño como persona, y quieren afirmar su propia importancia. Al hacer esto, señalan que el niño es aún muy pequeño e incapaz de hablar por sí mismo.

5. *Dé al niño el privilegio de elegir y respete sus opiniones siempre que sea posible*. La personalidad se desarrolla al tomar decisiones. Los niños deben tener muchas oportunidades de elegir, y deben aprender a vivir con los resultados de sus decisiones. Por supuesto, algunos asuntos demandan las decisiones de los padres. Pero muchas elecciones no tienen tanto significado ético o eterno. Cuando permitimos que el niño elija, le damos un sentido de valor personal.

6. *Pase tiempo con su hijo*. Si los padres no dedican tiempo a sus hijos, éstos les quitarán el tiempo de manera desagradable, peleándose o con otras formas airadas de conducta.

Un niño estaba mirando cómo su padre lustraba el auto. Le preguntó:

—Papá, tu auto vale mucho, ¿no es cierto?

—Sí —respondió el padre—, cuesta mucho dinero. Vale la pena cuidarlo. Cuando lo cambie, valdrá mucho más si está bien cuidado.

Después de un largo silencio, el hijo le dijo: —Papá, me imagino que yo no valgo tanto, ¿no es cierto?

Nosotros edificamos el sentido de valor personal de un niño al dedicar tiempo a escuchar acerca de sus intereses, al dejar de leer el periódico cuando él habla, al mirar a sus ojos cuando él comparte algo con nosotros.

Otro niño se acercó a su padre que estaba leyendo el periódico. Trataba de mostrarle un raspón que tenía en la mano. Molesto por la interrupción, su papá siguió mirando el periódico, y dijo:

—Bueno, no puedo hacer nada para remediarlo, ¿no es cierto?

El pequeño respondió:

—Sí, papi, podías haber dicho: ¡Oh!

Una madre comentó que, durante dos días, su hijo pequeño venía a quejarse muchas veces de que tenía una ampolla en su mano. Ella siempre le decía: "Tienes que aprender a cuidarte y no lastimarte." Pero no le examinaba la mano. Antes de dejarlo con una persona que lo cuidara mientras ella asistía a un retiro sobre problemas de padres e hijos, decidió examinar la mano del pequeño. Entonces se dio cuenta de que necesitaba atención inmediata porque una astilla le estaba produciendo una infección. En ese momento lamentó no haber tomado antes el tiempo necesario para considerar seriamente el problema de su hijo.

7. *Aliente el sentido de valor e importancia de su hijo confiándole, de vez en cuando, cosas que le entusiasmen.* No hace mucho tiempo, mi hermana y su familia vinieron a visitarnos.

—¿Dónde está Jerry? —preguntamos todos cuando vimos que Jerry, de catorce años, no estaba con ellos.

Su papá respondió:

—Lo dejamos en casa para que se encargara de la compra-venta de un tractor de granja.

Nos quedamos asombrados de la idea. Pero los padres de Jerry parecían estar completamente tranquilos. Y ¡qué importante debió haberse sentido Jerry!

Una familia incluyó a sus dos hijos adolescentes de trece y catorce años en su cuenta de banco. "¿Por qué no?", preguntaba el padre. "¿Debo confiar más en el banco que en mis propios hijos?"

Cuando se confía en los niños, éstos crecen en responsabilidad y autoaceptación. Y confiar en ellos, algunas veces, con cosas que puedan asombrarles, puede hacerles dar un gran paso hacia el sentido de valor que es tan básico a través de toda la vida.

Dorothy Briggs, en *Your Child and Self-Esteem: The Key to His Life,*[1] después de veintiséis años de investigación clínica, llega a la siguiente conclusión: "¿Cuál es el mejor regalo que le puede dar a su hijo? Ayúdele a quererse a sí mismo."

CUESTIONARIO PARA LOS PADRES EN CUANTO AL SENTIDO DE IMPORTANCIA

Marque la respuesta en la columna apropiada: cierto, falso o generalmente.

C F G

__ __ __   1. Durante los días que estoy en casa dedico algo de tiempo para estar personalmente con mi hijo.

__ __ __   2. Doy responsabilidades especiales a mi hijo para demostrarle que confío en él.

__ __ __   3. Trato de no forzar a mi hijo a hacer tareas para las cuales no está listo.

__ __ __   4. Presento a mi hijo, por su nombre, a las visitas.

__ __ __   5. Creo que nuestra relación esposo-esposa tiene prioridad sobre nuestra relación padre-hijo.

---

[1] *Tu Hijo y Su Autoestima: la Llave para Su Vida*

__ __ __ 6. Como padres, mostramos el afecto que nos tenemos delante de nuestros hijos.

__ __ __ 7. Permito que los niños ayuden en las tareas de la casa.

PARA DISCUSION

1. Discuta las ocasiones que usted recuerda en que la relación padre-hijo tuvo prioridad sobre la relación esposo-esposa.

2. ¿Hasta qué punto deben los padres mostrar su afecto delante de sus hijos?

3. Mencione algunos ejemplos, de su propia experiencia, de casos cuando obligó a sus hijos a hacer algo para lo que no estaban listos.

4. Discuta la afirmación: "Los sentimientos de inferioridad crecen de una búsqueda de superioridad."

5. ¿Cree que tiene alguna justificación el responder por sus hijos?

6. ¿Cuáles serían algunas de las cosas que usted puede confiar a su hijo que le causen entusiasmo y le muestren que tiene confianza en él?

7. ¿Cuáles son algunas maneras en que los niños de diferentes edades se afirman a sí mismos para mantener su sentido de importancia?

8. Discuta el poema de Gibran que aparece al comienzo del capítulo. ¿En qué está usted de acuerdo o desacuerdo?

9. De ser posible, lea *La Disciplina en el Hogar*, de Narramore, publicado por C. B. P.

2
La Necesidad de Seguridad

Los padres no pueden cambiar el color de los ojos de sus hijos, pero sí pueden dar a esos ojos la luz de la comprensión y de la simpatía. Tampoco pueden cambiar mucho los rasgos físicos de sus hijos, pero pueden, en cambio, cubrir al niño con un manto de humanidad, bondad y amistad que, a la larga, puede traer mucha más felicidad que la hermosura que gana los concursos de belleza. Los padres no pueden dar seguridad al niño rodeándolo con abundancia de cosas materiales, sino encerrándolo en los brazos del amor.

* * *

Los padres demasiado dominantes, o demasiado tolerantes, traen inseguridad a la vida de sus hijos. "El amor que domina", dice Peter Bertocci, "es un amor más destructor que creador". El niño necesita un ambiente en el cual desarrollarse hasta ser una persona íntegra —consciente de sí misma, útil y recta. Cuando el padre es demasiado dominante, la personalidad del niño se desarrollará tan escasamente como una semilla que brota demasiado cerca de un árbol grande. Además, este tipo de padre ama a su hijo principalmente por lo que éste puede hacer por él. Este es un amor dañino y egoísta.

Por otro lado, el padre demasiado tolerante, que no coloca restricciones o barreras definidas, va a criar a un hijo que se siente siempre inaceptado. Aunque las reglas deben ser pocas, esas pocas, cuando se aplican con constancia, crean estabilidad.

Existen dos libertades: la falsa, en la que uno es libre para hacer lo que quiere; y la verdadera, en la que uno es libre para hacer lo que debe. —Charles Kingsley.

LOS NIÑOS NECESITAN SEGURIDAD

Jaime vino por su propia cuenta a buscar consejo. A los diecinueve años era ya una víctima de la inseguridad, a tal grado que le produjo crisis. Se necesitaron varias sesiones para descubrir las razones, que eran varias. El dijo que nunca había tenido un día feliz en su vida. Aunque trataba de mostrar una fachada de seguridad, por dentro estaba siempre atemorizado. Se volvió a las drogas y al alcohol para soportar su difícil existencia. Ahora él estaba al final de sus esperanzas. En la desesperación, buscó ayuda.

El niño ansía seguridad. Puede recurrir a una frazada que le proporcione seguridad, o abrazar su osito, o llevar a su muñeca a todas partes donde vaya. El niño tiene una necesidad interior de estar seguro, de estar protegido, de tener terreno firme bajo sus pies. Siente temor cuando sus padres no están presentes. Healy y Bronner, en *New Light on Delinquency and Its Treatment*,[1] dicen que si no se satisface la necesidad básica de seguridad del niño, para cuando tenga ocho años estará robando caramelos en algún comercio.

---

[1] *Nueva Luz Sobre la Delincuencia y Su Tratamiento*

Condiciones Que Crean Inseguridad

En la experiencia de Jaime no aparecen todas las razones para la inseguridad; pero se pueden distinguir algunas muy importantes. ¿Cuáles son?

1. *Conflicto entre los padres.* Jaime nunca conoció la época cuando sus padres vivieron en amor y en paz. Ellos se peleaban constantemente. Había mucha tensión y él estaba atrapado en el medio. Jaime sentía que en cualquier momento su familia se podía dividir.

En un estudio hecho a adolescentes con problemas, las tres razones que más se mencionaron para el uso de drogas fueron: (1) conflicto entre los padres, (2) deseo de un cambio de personalidad, y (3) presión de su grupo. Los adolescentes tenían padres que se peleaban constantemente; no se gustaban a sí mismos y querían cambiar sus personalidades mediante las drogas; además, cedían al uso de drogas debido a que se sentían presionados por su grupo.

Hay pocas cosas que amenacen más a un niño que ver a quienes conoce mejor, de cuyas vidas depende él mismo, como enemigos que discuten constantemente. Esto no significa que los padres no deban discutir nunca delante de los chicos. Si se tienen diferencias agudas y se resuelven con amor, esto puede ayudar al niño a enfrentar la vida de una manera realista. Si después de un desacuerdo el niño ve amor entre sus padres, probablemente estará mejor equipado para enfrentar sus propios conflictos que el niño que nunca supo que sus padres tenían dificultades. Esto, sin embargo, no es lo mismo que el caso de los padres que se pelean constantemente.

2. *Cambio de domicilio.* La familia de Jaime se mudó una y otra vez. Jaime nunca se sintió en su hogar en ningún lado. Nunca tuvo amigos íntimos, y temía pensar en nuevas situaciones.

Muchas familias de hoy en día se están mudando constantemente. Más de un cuarto de la población se muda cada año.[1] Pocas familias permanecen en la misma casa por diez o más años. De esta manera, desaparecen algunas de las fuerzas que dan fortaleza y estabilidad a la familia.

Hace algunos años, cierto niño aparentaba estar enfermo. Luego de varios exámenes médicos, no se pudo encontrar ninguna razón para su enfermedad. Después de varios meses, el niño confesó a sus padres: "Tenía miedo de que se volvieran a mudar mientras yo estaba en la escuela."

El trasladarse a una nueva comunidad obliga al niño a ajustarse a nuevos amigos, a otra escuela, a otra casa y muchas otras experiencias nuevas. Ese niño fácilmente puede desarrollar sentimientos de inseguridad, especialmente si no goza del calor y la fuerza de una relación profunda de amor con sus hermanos o sus padres.

3. *Falta de disciplina adecuada.* Jaime nunca supo dónde estaban los verdaderos límites para su conducta. Cuando sus padres se sentían bien eran demasiado permisivos. Cuando estaban enojados por cualquier cosa, Jaime era el blanco más fácil en el cual descargaban sus hostilidades.

El niño necesita de ciertas reglas en su vida para gozar de seguridad y un sentido de bienestar. El niño más inseguro viene de hogares donde no hay límites definidos para su conducta. Algunos adolescentes se quejan de que sus padres no se preocupan por ellos lo suficiente como para establecer esos límites. A veces los jóvenes actúan como si se estuviera abusando de ellos, o se les tratara injustamente al establecer límites; sin embargo, están complacidos íntimamente porque los límites les brindan un sentido de seguridad. Papá y mamá se preocupan por ellos.

La disciplina como una necesidad básica será discutida en otro capítulo. Pero es necesario mencionarla

---

[1] N. del T. El autor se refiere a los Estados Unidos de Norteamérica; sin embargo, el principio que se discute tiene aplicación en todas partes.

brevemente aquí porque tiene mucho que ver con el sentimiento de seguridad.

Una jovencita de diecisiete años no podía creer que Dios la amaba porque ya no podía creer más en el amor humano. Se sentía miserable. Cuando admitió esto frente a un consejero, dejó ver que el amor se comunicaba de manera muy pobre en su hogar. Ella nunca supo con seguridad si la amaban, o aun si los padres habrían deseado tenerla.

Un día, en la casa de una amiga, vio como la madre despedía a su amiga con un beso y le decía: "Bueno, querida, espero que estés en casa a las once en punto. No vuelvas tarde. Te voy a estar esperando." Con dolor en su corazón, la joven se preguntó por qué su propia madre nunca parecía preocuparse por saber dónde estaba o a qué hora volvía a casa. Para saber si su familia realmente se preocupaba por ella, decidió estar afuera hasta tan tarde que llegaran a angustiarse por su bienestar o quizá tuvieran que llamar a la policía.

Fue a ver una función de medianoche, sólo para tener un lugar donde estar. Luego, caminó sola por las calles hasta que empezó a tener miedo. Fue a una estación de ferrocarril y se acostó en un banco. Estaba tremendamente cansada y deseaba una cama, pero estaba determinada a saber la respuesta.

Cuando comenzó a amanecer, llegó tropezando hasta el frente de su casa, y entró haciendo mucho ruido deliberadamente con la esperanza de que alguien la oyera. Nadie la llamó, nadie le prestó atención. Durante el desayuno nadie le preguntó dónde había estado esa noche, o cuándo había vuelto a casa. ¡Ella tenía la respuesta! Con esa herida profunda en su corazón estaba arrastrándose por la vida.

4. *Ausencia de los padres.* Jaime no sólo experimentaba, a menudo, el cambio de una ciudad a otra, sino que también sus padres faltaban a casa frecuentemente. Su papá casi nunca estaba en casa, ni siquiera por las noches. Debido a que su mamá trabajaba, Jaime regre-

saba de la escuela cada tarde a una casa vacía. La ausencia de los padres crea inseguridad.

Un estudiante que estaba haciendo una investigación, telefoneó a una docena de casas, a las nueve de la noche, para saber si los padres sabían dónde estaban sus hijos. "Mis primeras cinco llamadas fueron atendidas por niños que no tenían la menor idea de dónde estaban sus padres", informó.

5. *Crítica constante.* Los padres de Jaime lo criticaban continuamente. Jaime sentía que nada de lo que hacía estaba bien. Siempre lo acompañaba un miedo terrible al fracaso. Vivía con un profundo sentimiento de incapacidad. Cuando estaba buscando un nuevo trabajo, quien lo entrevistaba siempre podía notar su inseguridad. Al enfrentar una nueva tarea estaba seguro de que no podía realizarla. Se sentía rechazado.

Sheldon y Eleanor Glueck, en *The Making of a Delinquent, One Thousand Juvenile Delinquents*[1] y otros estudios similares, muestran que el rechazo de parte de los padres es uno de los factores más importantes que lleva a los niños a una vida de delincuencia.

Un niño se siente desmoralizado si percibe que sus padres no lo quieren, que lo critican constantemente y que no tienen tiempo para él, o si siente que sus padres no quisieron tener ese hijo. Un padre también puede causar sentimientos de rechazo haciendo las cosas para el niño con un aire de disgusto.

6. *Cosas en vez de personas.* Jaime tenía la idea de que sus padres constantemente le estaban dando cosas y dinero, en vez de darle algo de sí mismos. Para su cumpleaños y para Navidad lo inundaban de regalos. Pero aun siendo un niño, él quería a *sus padres* más que a sus regalos. A medida que fue creciendo, le parecía que sus padres le daban dinero y regalos, queriendo suplir la falta de tiempo y amor.

Las letras de muchas canciones de las últimas dé-

---

[1] *La Formación de un Delincuente. Mil Delincuentes Juveniles.*

cadas hablan de padres que daban muchas cosas a sus hijos, menos algo de ellos mismos. Muchas de estas canciones fueron escritas por jóvenes inseguros y alienados.

7. *Padres inseguros.* Detrás de la inseguridad de la juventud, se encuentra el hecho de que muchos de los mismos padres se sienten inseguros. La situación cambiante del mundo cobra su precio. Un niño de ocho años, cuya familia acababa de trasladarse a una casa nueva y hermosa en la ciudad, se mostraba ansioso y preocupado. Cuando por fin la familia logró persuadirlo de que les explicara qué era lo que le preocupaba, les dijo que hubiera querido que se mudaran al campo porque la ciudad podía ser bombardeada. El niño había escuchado a sus padres hablar de la amenaza de una guerra nuclear que fácilmente borraría las grandes ciudades.

Cuando se habla del constante aumento del costo de la vida, del alza de los impuestos, de una nueva depresión económica, de la cosecha que se pierde, de desastres naturales, de guerras, de inseguridad en el trabajo y de una multitud de otros problemas, y se discuten sin cuidado delante de los niños, esto puede causar temor e inseguridad. Los padres que también discuten en presencia de sus hijos los problemas de delincuencia, drogas, sexo y su propia inseguridad en cuanto a cómo llevar adelante la familia, pueden causar pánico interior en los mismos. Un pequeño que escuchó a sus padres hablando de la contaminación ambiental preguntó: "Mamá, ¿estás segura de que habrá suficiente aire para todos?"

La nuestra es una época de ansiedad. Es una época cuando los niños tratan de compartir, mucho más de lo que debieran, las preocupaciones de los padres.

Los padres inseguros generalmente tienen gran dificultad en brindar una disciplina consistente. Ellos se mueven de un extremo a otro. Cambian desde ser demasiado permisivos con sus hijos hasta la excesiva severidad, dependiendo de su estado de ánimo en el momento.

Cuando se ponen firmes en cuanto a alguna cosa, sienten que probablemente están equivocados siendo tan estrictos. También se sienten culpables cuando dejan de establecer los límites que en el fondo saben que son correctos.

El niño aprende pronto a enfrentar entre sí a los padres inseguros. El usa la inseguridad de los padres para conseguir todo lo que quiere, aunque sean cosas que a la larga le harán mal. Para ser un niño seguro, necesita sentir que se le apoya. Cuando se da cuenta de que las expectativas de sus padres están basadas en arena movediza, se siente inseguro.

¿Qué Es lo Que Crea Seguridad?

Podría decirse que, cambiando todas las afirmaciones de los comentarios anteriores, de negativas a positivas, se mostraría la forma de dotar a un niño de la seguridad que necesita. Esto es correcto. Pero miremos con más seguridad siete factores positivos para crear el sentido de seguridad de un niño.

1. *Seguridad entre padre y madre.* Lo más importante en esto es el amor que el padre y la madre sienten entre sí. Cuando los padres están discutiendo constantemente, el niño se desmoraliza, y no le queda tierra firme donde estar parado. Bajo la superficie de diferencias de opinión ocasionales, el niño debe experimentar siempre amor, confianza y lealtad.

Si se tiene en cuenta el gran número de abandonos y divorcios, no es de extrañar que haya tantos niños inseguros. Cierto hombre escribe en cuanto a su niñez: "Yo nunca fui testigo de un beso entre mis padres. Mi principal dificultad, cuando niño, era un terrible sentimiento de inseguridad." Refiriéndose a las relaciones entre los padres, el doctor David Goodman dice: "Su bebé les va a sonreír, y luego sonreirá al mundo, si ustedes dos nunca dejan de sonreírse entre sí. Ciertamente, no hay ningún factor en la educación del niño que sea más importante que éste."

El doctor Kenneth Foreman escribe: "El oficial de libertad condicional de Louisville, Kentucky, ha dicho que los niños delincuentes vienen de casi todo tipo de hogares, menos de uno. El nunca encontró un delincuente infantil proveniente de un hogar donde reinara la armonía entre el esposo y la esposa." El siquiatra Justin S. Green concuerda con esto: "En mis veinticinco años de práctica, todavía no he visto un problema emocional serio en un niño cuyos padres se aman entre sí, y cuyo amor por el niño es fruto de su amor."

2. *Un amor rico y continuo de parte de los padres hacia el niño.* A través del cuidado cariñoso de los padres, el niño adquiere su primer sentido de seguridad en un mundo extraño y nuevo. Este amor constante significa que el niño es aceptado cuando se porta bien, y también cuando se porta mal. El niño es muy sensible en cuanto a si lo quieren o no. Para sentirse seguro, el niño necesita que se le alce, que se le abrace y que se le diga que le aman. El amor ayuda a que el niño pueda hacer frente a cualquier cosa que se le presente.

A un niñito que estaba sufriendo en el hospital lo felicitaron por la manera como se estaba portando. Su respuesta fue: "Se puede soportar casi cualquier cosa cuando uno sabe que su familia lo ama." Cuando el niño está seguro del amor de su familia, puede soportar la burla de los demás niños; puede vencer la tentación de que "todo el mundo lo hace"; puede mantener su cabeza en alto cuando pierde en algún juego o en una elección en la escuela. Puede enfrentar todo lo que se presente.

Cierto doctor preguntó a una niña:

—¿Qué significa el hogar para ti?

Ella respondió:

—El hogar es el lugar adonde uno va cuando oscurece."

Ciertamente es una bendición que el niño pueda volver a la seguridad de un hogar de amor cuando oscurece. Lo triste es que, para muchos niños, el hogar también es oscuro.

3. *Unión familiar.* El niño siente cierto grado de estabilidad y seguridad cuando experimenta una fuerte unión familiar. El autor Gordon, en *A Touch of Wonder*[1], cuenta de las muchas cosas que hacían juntos en su familia, cuando era chico. "Sin duda, yo tenía en mi niñez la cantidad común de juguetes, pero eso está olvidado ahora. De lo que sí me acuerdo", recuerda con placer, "es el día en que viajamos en el vagón de cola de un tren; la vez que tratamos de quitarle la piel a un cocodrilo; el telégrafo que hicimos y que funcionaba de verdad. También recuerdo la mesa de los trofeos en el vestíbulo, donde se nos animaba a los niños a que exhibiéramos las cosas que encontrábamos —pieles de víboras, caracoles de mar, flores, puntas de flechas—; todo lo que fuera raro o hermoso".

Los estudios realizados muestran que los niños empiezan a andar por el mal camino cuando no tienen un sentimiento de unidad en la familia. Cuando se estaba trabajando en la rehabilitación de niños que habían perdido ambos padres durante la Segunda Guerra Mundial, se descubrió que aquéllos que recordaban haber hecho muchas cosas juntos, como familia, eran más capaces de lograr un nuevo sentido de normalidad.

En un retiro sobre la familia, una señora suiza compartió su experiencia. Durante su niñez su familia había tenido muy pocas cosas materiales. El amor expresado de una manera abierta era muy poco conocido. Pero lo que recordaba por encima de todas las demás cosas era el día en que su madre dedicó toda una tarde a hacerle una muñeca de paja. Ese simple acto hizo por ella lo que ningún dinero en el mundo podría hacer.

Una maestra de jardín de infantes de nuestra ciudad, preguntó a los niños de su clase poco antes del día de la madre: "¿Por qué creen que su mamá es la mejor de todas?" Las respuestas fueron muy reveladoras. Tome nota de los tipos de respuestas que predominan. Se

---

[1] El Toque Maravilloso.

destacan las pequeñas cosas que se hacen juntos. También sería interesante analizar lo que no aparece en la lista. He aquí la lista:

1. Mi mamá juega mucho conmigo.
2. Porque anoche jugó conmigo y me dio medicina para el resfrío.
3. Porque me compra cosas.
4. Porque mi mamá nos lava la ropa, y me despide con un beso cuando me voy para la escuela.
5. Porque ella cocina, lava la ropa y me quiere.
6. Porque ella me prepara la comida y corta el pasto.
7. Porque nos hace la comida.
8. Porque cocina las papas y prepara la cena y cuida de mi hermanito chiquito.
9. No puedo pensar en ninguna palabra. (Esto puede significar mucho.)
10. Porque ella me abraza y es mu-u-u-y hermosa.
11. Porque ella me besa, me abraza y me cuida.
12. Ella es la mejor cocinera y me prepara un plato de sopa.
13. Porque prepara mi comida y me acuesta en la cama.
14. Ella le prepara el bistec a mi papá.
15. Ella limpia la casa, hace las camas y lava los platos para que podamos comer todos los días.
16. Porque me hace regalos para mi cumpleaños.
17. Porque nos hace la cama y nos cobija por la noche.
18. Porque me ayuda a mí, a Jeff, a Greg y a papá a jugar al ping-pong.
19. Porque nos ayuda a hacer cosas. Ella hace la comida y nos llama cuando es la hora de cenar.
20. Porque yo la quiero, y mi papá la quiere mucho, y mi hermano no le quiere dar un beso, pero una vez mi abuela le dio un beso a él cuando estaba durmiendo. ¡Ja!
21. Yo no sé por qué.
22. Porque me hace rosetas de maíz, y siempre es buena conmigo.
23. Porque me da todas las medicinas que necesito, y me cuida.

Una cantidad bastante grande de seguridad se encuentra repartida en esas afirmaciones.

4. *Una rutina normal.* Si la familia tiene horas señaladas para hacer ciertas cosas, esto crea seguridad. Esto no

significa que debe haber reglas estrictas que nunca se puedan cambiar. Lo que significa es que tener cierta hora asignada para comer, para hacer las tareas de la casa o para ir a dormir es bueno y crea relaciones saludables.

5. *Disciplina adecuada.* Los padres demasiado permisivos o indecisos, que dejan al niño a merced de cada capricho o impulso, son una verdadera amenaza para la seguridad del niño. Este nunca llega a saber claramente qué es lo que se espera de él, y qué es lo que debe o no hacer. La disciplina, administrada justamente y en amor, trae paz y orden a la vida de un niño.

6. *Toque a su hijo.* Ultimamente se ha dado bastante atención a lo que puede hacer el tocar a otros para brindarles seguridad y aceptación. El doctor Frederic Burke, un pediatra de Washington, D. C., señala la importancia de que el padre y la madre arrullen al bebé: "Yo recomiendo mucho las mecedoras", dice. "Y aquí, en la Universidad de Georgetown, practicamos lo que predicamos. Hemos colocado sillas mecedoras en todos nuestros cuartos de niños. Esto es una ayuda tanto para la madre como para el hijo.

"La mayoría de las madres jóvenes se dan cuenta de que el niño necesita que lo toquen, lo acaricien, lo mimen y lo arrullen", continúa el doctor Burke. "Todas estas cosas son agradables y tiernas y ayudan a la seguridad del infante . . ., creo firmemente que la experiencia física de las manos y brazos de amor de los padres, al comienzo de la vida, queda grabada en la mente del niño; y aun cuando aparentemente esto se deja de lado, tiene una tremenda influencia en la personalidad del niño y en el tipo de adolescente que va a ser."

Es por esto que hoy en día se hace tanto énfasis al contacto físico como una parte importante de la experiencia del niño. Se recomienda la alimentación de pecho siempre que sea posible. Alzar al niño frecuentemente y tocarlo cuando se habla con él son fuerzas sicológicas positivas que ayudan a la seguridad interior, a un sentido de satisfacción y a mantener relaciones firmes. Por medio del toque físico comunicamos muchas cosas. Algunos adultos tienen mucha dificultad en acercarse a otros, y tienen dificultades en su matrimonio debido a que nunca estuvieron físicamente cerca de sus padres.

Alzar al niño, ponerle una mano sobre su hombro, abrazarlo, besarlo y tomar su mano cuando van caminando —todo esto ayuda a crear una relación íntima y sólida. Este sentimiento no se puede reemplazar prodigando al niño las cosas que el dinero puede comprar.

7. *Un sentido de pertenencia.* El sentido de pertenencia es una necesidad sicológica profunda. El niño quiere ser parte de una familia, una clase o un equipo. Si siente que no pertenece a nadie, seguramente se sentirá inseguro.

"Hace algunos años, el New York Times publicó un cuento de interés humano titulado 'Le hubiera gustado pertenecer'. El artículo contaba de un niño que viajaba en un ómnibus por el centro de la ciudad. Allí estaba, sentado, arrimándose muy cerca a una señora de traje gris. Naturalmente, todos pensaban que el niño era suyo. No es de extrañar, por lo tanto, que cuando él refregó sus zapatos sucios en el vestido de la mujer que se sentaba del otro lado, ésta le dijo a la señora de traje gris:

—Perdóneme, pero ¿podría hacer que su chico saque los pies del asiento? Sus zapatos me están ensuciando el vestido.

"La mujer de gris se sonrojó. Luego dio un pequeño empujón al niño, y dijo:

—Este chico no es mío. Nunca lo he visto antes.

"El niño se retorció incómodo. Era un niño tan chico. Sus pies colgaban del asiento. Bajó sus ojos y trató desesperadamente de contener un sollozo.

—Siento mucho haberle ensuciado su vestido —dijo a la mujer—, no quise hacerlo.

—Oh, está bien —respondió ella algo perpleja. Luego, viendo que los ojos del niño seguían fijos en ella, agregó:

—¿Estás yendo a algún lugar solo?

—Sí —replicó el niño—, yo siempre voy solo. No hay nadie que vaya conmigo. Yo no tengo ningún papá ni mamá. Los dos se murieron. Yo vivo con la tía Clara, pero ella dice que la tía Mildred debería ayudar cuidándome un poco. Por eso, cuando se cansa de mí y quiere irse a algún lado, me manda para que me quede con la tía Mildred.

—Oh —dijo la mujer—, ¿vas a casa de tu tía Mildred ahora?

—Sí —continuó el chico—, pero a veces la tía Mildred no está en casa. Espero que esté hoy, porque parece que va a llover y no quiero quedarme en la calle cuando llueva.

"La señora sintió un nudo en su garganta, y dijo:

—Tú eres muy pequeño para que te estén pasando de una a otra así.

—Oh, a mí no me importa —dijo el niño—. Yo nunca me pierdo. Pero, a veces, me siento muy solo. Por eso, cuando veo a alguien a quien me gustaría pertenecer, me siento muy cerca, y me arrimo y hago de cuenta que pertenezco a él. Yo estaba jugando a que era de esta otra señora, cuando le ensucié a usted el vestido. No me di cuenta de lo que hacía con los pies.

"La señora puso sus brazos alrededor del chico y lo apretó contra sí, con tanta fuerza, que casi lo dobla. El quería pertenecer a alguien. Y, en lo profundo de su corazón, ella deseaba que el chico fuera suyo.

"Este pequeño, en su manera simple e infantil, había expresado una necesidad universal. Y no importa quién sea, o qué edad tenga: todos quieren pertenecer a alguien."[1]

El sentido de pertenencia es esencial para la seguridad y el sentimiento de valor en el niño. Y cuando el niño siente que pertenece a su familia y que tiene mucho valor allí, está muy cerca de sentirse aceptado, amado y apreciado ante otros y ante Dios.

Un hombre, cuyo padre era muy conocido, recuerda cómo, siendo niño, extrañaba a su padre, cuando los compromisos públicos lo mantenían lejos por mucho tiempo. Una noche, cuando su padre debía regresar al hogar, el niño quería quedarse levantado para saludarlo. Sin embargo, lo mandaron a la cama por haberse portado mal. Se despertó entre las diez y las once y

[1] Clyde M. Narramore, *This Way to Happiness*. (Este Camino es la Felicidad) (Grand Rapids, Michigan: Zondervan, 1962), pp. 54-55.

escuchó la voz de su padre. Se levantó, se vistió y bajó la escalera. No podía quedarse arriba, aun cuando sabía que corría el riesgo de que lo castigaran por bajar. Pero su padre lo tomó en sus brazos, lo abrazó fuertemente y le dijo: "Hijito mío." Hoy, después de muchos años, dice que todavía puede recordar "la delicia de sentir que pertenecía a mi padre".

¿Cómo se originan los sentimientos de pertenencia? Haciendo cosas juntos. Compartiendo preocupaciones comunes y confiando responsabilidades a cada uno. Se crea un sentimiento de pertenencia cuando se hace que la persona, no los regalos, sea lo más importante al celebrar un cumpleaños. El chico se afirma cuando se ora por él, cuando sus opiniones son recibidas, y cuando se lo incluye en las experiencias serias y en las alegres de la familia. El niño siente que pertenece cuando se le incluye en la responsabilidad y en el trabajo de la familia.

Por último, debe recordarse que la seguridad emocional y espiritual son mucho más importantes que la seguridad económica y física. Un niño puede soportar la pobreza, el hambre, el sufrimiento y el peligro hasta un grado asombroso si tiene seguridad emocional y espiritual.

Un niño que tiene todas las cosas materiales en la vida morirá de hambre emocionalmente, y chocará contra los demás cuando se le niegan las relaciones significativas. Por otro lado, un niño que pasa hambre y tiene muy pocas cosas materiales, puede muy bien llegar a ser una persona noble y valiente si goza de la seguridad de las relaciones de amor.

CUESTIONARIO PARA PADRES EN CUANTO A LA SEGURIDAD

Marque la respuesta en la columna apropiada: cierto, falso o generalmente.

C F G

___ ___ ___ 1. Creo que nuestros hijos se sienten razonablemente seguros.

___ ___ ___ 2. Tenemos cuidado al conversar sobre las condiciones del mundo, para no crear sentimientos de temor y aprensión.

___ ___ ___ 3. Tratamos de evitar transmitir a nuestros hijos nuestros temores.

___ ___ ___ 4. Si necesitamos estar fuera de nuestra casa cuando los chicos vuelven de la escuela, nos aseguramos de que ellos sepan dónde estamos.

___ ___ ___ 5. Nuestro hijo puede sentir que nuestro matrimonio está firme.

___ ___ ___ 6. Siempre nos hemos sentido en libertad de abrazar y besar a nuestros hijos y decirles que les queremos.

___ ___ ___ 7. Tenemos como práctica alzar a nuestros hijos y leerles historias.

___ ___ ___ 8. En nuestra casa tenemos un horario regular para las comidas, las tareas de la casa y la hora de acostarse.

PARA DISCUSION

1. Discuta otros aspectos que, en su opinión, crean sentimientos de seguridad, o inseguridad en el niño.

2. Discuta la afirmación: "Los niños son inseguros cuando no conocen los límites para su comportamiento."

3. ¿Hasta qué punto cree usted que está bien para una madre tener un trabajo fuera de la casa?

4. Mencione y discuta las cosas que hacen juntos como familia.

5. ¿Cree usted que muchos padres substituyen regalos (cosas) por amor? ¿Por qué crea esto inseguridad?

6. El aspecto en el que me siento más inseguro como padre es. . .

7. Cuando su familia se mudó, ¿creó estos sentimientos de inseguridad en su hijo?

8. ¿Cree usted que tiene más o menos tiempo para estar con sus hijos del que tenían sus padres o sus abuelos? ¿Por qué?

9. Piense en tres maneras en que los momentos juntos, como familia, pueden tener más significado.

3
La Necesidad de Ser Aceptado

Cada niño trae consigo el mensaje de que Dios todavía no está decepcionado del hombre. —Rabindranath Tagore en *Stray Birds*.

* * *

Si un niño vive bajo la crítica,
   aprenderá a condenar.
Si un niño vive con hostilidad,
   aprenderá a pelear.
Si un niño vive ridiculizado,
   aprenderá a ser tímido.
Si un niño vive avergonzado,
   aprenderá a sentirse culpable.
Si un niño vive bajo tolerancia,
   aprenderá a ser paciente.
Si un niño vive con estímulo,
   aprenderá a tener confianza.
Si un niño vive con reconocimiento,
   aprenderá a saber apreciar.
Si un niño vive con equidad,
   aprenderá a ser justo.
Si un niño vive con seguridad,
   aprenderá a tener fe.
Si un niño vive con aprobación,
   aprenderá la autoestima.
Si un niño vive en compañerismo y aceptación,
   aprenderá a encontrar amor en el mundo.

—Dorothy Law Nolte

LOS NIÑOS NECESITAN SER ACEPTADOS

En la introducción a su excelente libro *Hide or Seek,* James Dobson relata una entrevista hecha en televisión a John McKay, el gran entrenador de fútbol de la Universidad del Sur de California. Le pidieron al entrenador que hiciera un comentario sobre su hijo John, un jugador de éxito en su equipo. "Estoy contento de que John haya tenido una buena temporada el año pasado. El hace muy bien su trabajo, y yo *estoy* orgulloso de él", admitió el entrenador, "pero yo estaría igualmente orgulloso de él si nunca hubiera jugado".

La aceptación de McKay hacia su hijo no dependía de si éste tenía o no habilidad, ni si había tenido o no una buena actuación.

Lamentablemente, los padres a menudo transmiten a su hijo la idea de que es aceptado cuando triunfa, pero no es aceptado cuando fracasa. El hecho de ser aceptado provee tierra fértil para el crecimiento y la autoestima.

Menospreciar al niño —o aceptarlo algunas veces y despreciarlo otras— hace que él se vea a sí mismo con una mezcla de poco respeto y desprecio.

El niño que no se siente aceptado por sus padres llega a ser vulnerable a la presión destructiva del grupo. El pelea para conseguir que los otros lo acepten. Puede llegar a creer que también Dios lo odia.

Así como la salud física depende principalmente de una alimentación y ejercicio adecuados, la salud emocional depende principalmente del aprecio correcto que tenemos por nosotros mismos. Esto se desarrolla a través de la aceptación y el sentirse útil. Si la atmósfera del hogar incluye una aceptación feliz y satisfactoria del niño, éste se siente valorado y se afirma en su personalidad. La forma como el niño es aceptado en sus primeros años determina, en gran manera, la estima que va a tener de sí mismo y de los demás cuando llegue a ser adulto.

El padre es como un espejo en el cual el bebé se ve a sí mismo, influyendo en su percepción de sí mismo y de la clase de persona que es. El niño absorbe el clima emocional del hogar, y puede sentir desde muy temprana edad si está rodeado por cuidado y amor o por egoísmo y tensiones.

¿Por Qué los Niños Sienten Que No Son Aceptados?

1. *Al criticar constantemente al niño se crea un sentimiento de fracaso, rechazo e incapacidad.* Un joven describía sus años de crecimiento de la siguiente manera: "Yo sentía que casi nunca hacía algo bien. Mis padres me criticaban porque hacía o porque no hacía cosas. Yo experimentaba una frustración continua y, al final, terminé con un miedo interno a emprender cualquier cosa. Si no hubiera sido por una persona que tuvo confianza en mí y me dio un trabajo durante mis años de adolescente, creo que nunca hubiera tenido confianza en mí mismo como para conseguir un empleo y para tomar y sostener cualquier decisión de importancia."

2. *La comparación de un niño con otro indica falta de aceptación.* No hay dos niños que sean iguales, y comparar a uno con otro es una gran injusticia. A menudo la comparación empieza a temprana edad. Una madre ve al bebé de su vecina y lo compara con el suyo. El de ella siempre debe aventajar al otro en todo. La compara-

ción constante crea sentimientos de inferioridad que dañan el desarrollo de la personalidad. Los sentimientos de inferioridad surgen por indebida ambición de superioridad.

El pequeño siente que no es aceptado cuando su actuación en deporte, música o matemáticas no iguala a la que lograron aquellos con habilidades superiores. Cada uno de nosotros es inferior en algunas cosas a otras personas. Si ponemos énfasis en esto, nos desanimamos. Por otro lado, cada uno de nosotros tiene ciertas habilidades, ciertas cosas en las que nos destacamos. Debemos enfatizar éstas.

Un sicólogo realizó una prueba de rutina para hacer un experimento. Cuando entregó la prueba, anunció que una persona normal podría terminarla en una quinta parte del tiempo que, en realidad, se necesitaba para completarla. Cuando sonó el timbre indicando que se había cumplido el tiempo para el estudiante normal, algunos de los alumnos más brillantes de la clase se enojaron mucho consigo mismos, pensando que se les escapaba la inteligencia.

Un estudio diferente, realizado con estudiantes, muestra lo que pueden hacer otras presuposiciones. Los sicólogos eligieron a un grupo normal de alumnos y les dijeron a los maestros que estos estudiantes eran tremendamente inteligentes. Al finalizar el año, debido al entusiasmo y a las grandes aspiraciones del maestro, el rendimiento de estos alumnos superó al del grupo más brillante de la escuela.

3. *La ambición de que el niño logre los sueños no realizados por sus padres hace que sienta que no es aceptado.* Un padre puede haber deseado ser doctor, pero no pudo lograrlo. Entonces, desde el nacimiento de su hijo, hace planes para que éste asista a la escuela de medicina. Muchos padres, sin pensarlo, quieren que sus hijos llenen las aspiraciones que ellos nunca pudieron hacer realidad. Al imponer esas ambiciones a su hijo hacen que éste sienta que no es aceptado.

4. *La sobreprotección de un niño a menudo contribuye a que no se sienta aceptado.* A veces los padres son como aquella madre que decía: "Hijo, no quiero que te metas en el agua hasta que no hayas aprendido a nadar." ¿Cómo va a aprender a nadar? La falta de protección es menos peligrosa que la sobreprotección. Por supuesto, un padre debe buscar proteger a su hijo del peligro. Sin embargo, protegiendo demasiado al niño, se puede dañar el espíritu de aventura e inspirar un espíritu de temor en vez de un espíritu de confianza. Es mejor un hueso roto que un espíritu roto.

5. *Si uno espera demasiado del niño se crea un sentimiento de falta de aceptación.* El niño puede darse cuenta aun de los anhelos no expresados con palabras por los padres en cuanto a que sea un hijo modelo. Si el niño se esfuerza demasiado por alcanzar la conducta que se espera de él, puede sentirse lleno de sentimientos de incapacidad en vez de tener respeto y aceptación por sí mismo.

Esto no significa que hay que pasar por alto todo lo que hace el niño, proveyendo para todos sus caprichos y demandas inmaduras. Es necesario poner un límite al mal comportamiento.

Aceptar significa respetar los sentimientos y la personalidad del niño, al mismo tiempo que se le hace saber que no se le acepta su mal comportamiento. Aceptar significa, además, que los padres *quieren* al hijo todo el tiempo, a pesar de lo que haga o lo que piense.

¿Qué Es lo Que Crea un Sentido de Aceptación?

Si el deseo de ser aceptado es tan importante para la confianza en sí mismo y para alcanzar lo que se propone, ¿qué cosas pueden hacer los padres para que el niño sepa que es aceptado?

1. *Reconozca al niño como único.* Cuando la madre de dos niños le estaba comentando a su esposo lo que había pasado en el día, decía: "Uno de los niños hizo esto", o "uno de los niños dijo aquello". Ella los estaba

tratando como si fueran iguales, y les quitaba su individualidad.

No hay dos niños que sean iguales. Clyde Beatty reconoció las diferencias entre los animales al entrenar a los leones. El dijo: "No hay dos leones que sean iguales. Reina es hosca y Bruto es juguetón. Nerón es mezquino y Napoleon es caprichoso. Si usted los trata a todos por igual va a tener problemas."

De la misma manera, cada niño es diferente, y si se los trata a todos por igual se presentarán los problemas. A veces los padres dicen: "No podemos comprender qué hicimos mal con nuestro hijo menor. Nosotros los tratamos a todos por igual." El mismo esfuerzo por tratar a todos de la misma manera puede haber causado el problema. Si se reconocen las diferentes habilidades, si se evita comparar a los hijos y si se trata a cada uno como único, esto hará que se sientan aceptados.

Cuando un niño recibe un regalo, el padre no debe fomentar la idea de que los demás niños de la familia también deben recibir un regalo al mismo tiempo. Por supuesto, el padre debe procurar que, después de cierto período de tiempo, las cosas se hayan igualado. El alentar entre los niños el sentimiento de que no pueden permitir que un hermano o hermana reciba un regalo sin recibir uno ellos también ayuda a que sean egoístas.

Se debe enseñar a cada niño a participar del gozo del que recibe el regalo. El padre debe pensar que cada niño es único. Cuando ve un regalo que sabe que va a ser muy apreciado por uno de sus hijos, debe sentirse libre para dárselo, comprendiendo que, en otra ocasión, cuando vea un regalo apropiado para otro de sus hijos, se lo va a dar.

Cada niño debe sentir que sus padres lo quieren tal como es. Debe sentir que a ellos les gusta el color de sus ojos, su pelo, su cuerpo gordo o flaco, su carácter activo o tranquilo. Cuanto más los padres amen al hijo tal cual es, éste se sentirá más aceptado.

2. *Ayude al niño a encontrar satisfacción en lo que*

logra hacer. Cierto padre comentó cómo lo habían criticado por permitir que su hijo pequeño usara la cortadora de césped. El niño era tan pequeño que tenía que estirarse mucho para alcanzar las manijas. Pero su padre caminaba a su lado y le daba ánimo.

Para este niño, manejar dicha máquina era un logro importante. Y sentía una verdadera satisfacción al hacerlo. El padre sabio permanece al lado de su hijo cuando éste intenta hacer todo tipo de aventuras. Al apoyarlo, en vez de estar sobreprotegiéndolo, no sólo está aceptando a su hijo sino que también lo está preparando para la vida.

3. *Haga que el niño sepa que usted lo ama, y que realmente se goza con él.* Un hijo es un regalo de Dios, una herencia del Señor. Una de las cosas más devastadoras que el niño pueda experimentar es sentir que vino por accidente, como resultado de un embarazo no deseado, un casamiento forzado, o que él es un obstáculo a la felicidad de sus padres, o una carga económica, o un impedimento para el goce de sus actividades sociales.

El niño se da cuenta rápidamente de la naturaleza de los sentimientos de sus padres hacia él. Dichoso el niño al que sus padres le recuerdan constantemente que lo quieren y se gozan al máximo con él. ¿Cómo hace el niño para saberlo? Lo sabe cuando los padres se toman tiempo para estar con él, para ayudarlo con sus pequeños proyectos y cuando aprovechan cada oportunidad para demostrarle su amor.

4. *Acepte a los amigos de sus hijos.* Los amigos son tremendamente importantes para el niño. El hogar debe ser un lugar a donde pueda traer a sus amigos con libertad; y un lugar a donde sus amigos gusten venir.

Muchos niños desarrollan amistades pobres y relaciones tirantes, porque no sienten la libertad de traer a sus amigos a su casa. Cuando los padres critican abiertamente a los amigos de su hijo, lo están lastimando a él. Si deja que su hijo sepa que usted aprecia a sus amigos, estará contribuyendo a su propio sentido de aceptación.

5. *Mantenga una relación honesta y genuina con el niño.* Demasiado a menudo los padres parecen demandar que su hijo sea perfecto. Esto es dañino para los padres y para el niño. Cuando somos lo suficientemente honestos para confesar nuestros propios fracasos y el hecho de que no somos perfectos como padres, aliviamos muchas tensiones y damos seguridad al hijo. Si los padres pudieran admitir sus errores más fácilmente y aun reírse de ellos, la atmósfera de muchos hogares mejoraría grandemente.

Un padre contaba cómo su hijo había regresado a casa con una nota baja en álgebra. "Para cuando terminé de decirle todo lo que le dije, mi hijo debe haber sentido que yo siempre había tenido las calificaciones más altas en álgebra", decía. "Sin embargo, ¿cuál había sido la realidad en mi caso? Después de haber completado un semestre en álgebra, el maestro me llamó y me dijo: 'Eres tan malo en álgebra que te voy a aprobar para deshacerme de ti.' Al demandar tanto de mi hijo, hice que él se sintiera desanimado. Si hubiera sido honesto y le hubiese dicho que comprendía lo que le estaba pasando, porque a mí también el álgebra me había resultado muy difícil, le hubiera dado ánimo."

Muchos padres aparentan constantemente ser perfectos. Ellos arguyen: "Yo soy perfecto, y nunca cometo errores como tú. Yo soy el ejemplo que tú debes seguir." Al hacer esto, están frustrando al niño. Esta actitud contribuye a que el niño sienta que no es aceptado.

Quizá su hijo tenga miedo a la oscuridad y no quiere ir a acostarse. Si usted le dice honestamente: "Yo sé cómo te sientes. Yo también le tenía miedo a la oscuridad", estará ayudando a su hijo a superar ese temor. Si usted le dice al niño que es un cobarde y que debería darle vergüenza tener miedo, le está haciendo saber que en realidad usted no lo acepta. Es mucho mejor aceptar sus sentimientos como normales, y animarlo a que los discuta con usted. Los temores sobre los cuales se conversa pierden su poder.

6. *Escuche lo que el niño le está diciendo.* Una de las mejores maneras de decir al niño: "Yo te acepto", es escucharlo atentamente. La verdadera comunicación depende de la aceptación. Todos nosotros compartimos en la medida en que sentimos que seguiremos siendo aceptados y amados. Siempre que notamos que alguien no se interesa en lo que decimos, inmediatamente cortamos la conversación. Pero cuando alguien escucha con profundo interés nuestras cosas buenas y malas, nuestras alegrías y dolores, nuestros éxitos y fracasos, sabemos que esa persona nos acepta.

El niño se siente aceptado cuando el padre se toma el tiempo para escucharlo. Generalmente, para el niño el amor se deletrea TIEMPO. Permítanme compartirles una carta que lo expresa muy bien.

Queridos padres:

Gracias por todo, pero me voy a Chicago a tratar de empezar una vida nueva.

Ustedes me preguntarán por qué hice esas cosas y por qué les di tanto trabajo, y para mí es fácil darles la respuesta, pero me pregunto si ustedes la entenderán. ¿Se acuerdan cuando yo tenía seis o siete años y a veces quería que me escucharan? Yo recuerdo todas las cosas hermosas que me dieron para Navidad y para mis cumpleaños, y realmente fui feliz con ellas —durante una semana—, pero el resto del tiempo, durante el año, yo no quería regalos. Yo sólo quería que ustedes tuvieran tiempo para escucharme, como si yo fuera alguien que también tenía sentimientos; porque yo me acuerdo que aun cuando era niño, tenía sentimientos. Pero ustedes decían que estaban muy ocupados.

Mamá, tú eres una cocinera maravillosa, y tenías todo muy limpio y estabas muy cansada de hacer todas las cosas. Pero, ¿sabes una cosa, mamá?, hubiera querido tener sólo galletitas y dulce, si esto te hubiera permitido sentarte conmigo un rato en el día y decirme: "Cuéntame eso, que quizá yo te pueda ayudar."

Y cuando llegó Donna, yo no podía comprender por qué todos hacían tanto bullicio a su alrededor. Yo pensaba que no era mi culpa que su pelo fuera rizado y su piel tan blanca, y que no tuviera que usar anteojos con cristales tan gruesos. Sus calificaciones también eran mejores, ¿no es cierto?

Si alguna vez Donna llega a tener hijos, espero que le digas que le preste atención a ése que no sonríe casi nunca, porque, en realidad, ése es el que está llorando por dentro. Y cuando ella esté por cocinar seis docenas de galletitas, que se asegure primero de que los niños no quieren contarle un sueño que tuvieron o alguna otra cosa, porque los pensamientos son muy importantes para los pequeños, aunque no puedan usar muchas palabras para expresar lo que sienten por dentro.

Yo creo que todos los niños que hacen esas cosas que causan que los padres se tiren de los pelos de tan preocupados, en realidad están buscando alguien que tenga tiempo para escucharlos durante unos minutos, y que los trate real y sincera- mente como tratarían a una persona mayor a la que respetaran; tú comprendes, —que sea cortés con ellos. Si tú o papá alguna vez me hubieran dicho: "Perdóname", cuando me interrumpían, ¡me hubiera caído muerto!

Si alguien les pregunta dónde estoy, díganle que me fui en busca de alguna persona que tenga tiempo, porque tengo un montón de cosas que le quiero contar.

Les quiere
Su hijo

7. *Trate al niño como una persona de valor.* Cierta pareja recibió las felicitaciones de sus vecinos por tratar a sus hijos "como si fueran visitas". Al principio los padres se quedaron perplejos. Luego se dieron cuenta de que cuan- do decían: "Por favor", "Gracias", y "Con permiso", y trataban, en general, de ser corteses, la gente que no estaba acostumbrada a esto pensaba que estaban tratan- do a sus hijos "como si fueran visitas".

Los niños son visitas en el sentido de que deben ser respetados como personas.

Algunos padres empujan a los niños hacia un lado en vez de decirles: "Con permiso" o "¿Puedo pasar, por favor?" La forma de enseñar el respeto a un niño es respetándolo.

Años atrás John Locke aconsejaba: "Cuanto antes lo trate usted como un hombre, tanto antes empezará a serlo." Los niños tienen una habilidad extraordinaria para actuar de acuerdo a como se les conceptúa. Dígale a un niño que es un pícaro, y probablemente actuará como tal. Dígale que es malo, y lo más probable es que demuestre serlo. Diga a sus amigos que él es un diablito, y pronto verán que es verdad.

Por otro lado, los padres que esperan que su hijo les dé felicidad y ayuda, encuentran que éste, aunque a veces fracasa, trata de llenar sus expectativas.

8. *Permita que el niño crezca y se desarrolle a su manera propia y única.* Los padres tienen una fuerte tendencia a ejercer presiones sobre sus hijos —especialmente sobre el mayor. Los padres comparan sus calificaciones con las de los vecinos. Se enorgullecen de sus hijos y muestran a todos sus progresos. Quieren que sus hijos sean diferentes, que sobresalgan en su comportamiento y en su progreso. Demandan el comportamiento de una persona mayor casi inmediatamente.

A menudo, los padres tienen ideas firmes en cuanto a lo que el niño debe lograr en música, deportes, inteligencia, belleza y cosas semejantes. Todo esto ejerce una gran presión en el niño y puede tener un efecto negativo en él. Una madre de cinco hijos ya mayores decía: "Si yo pudiera empezar de nuevo, procuraría que mis hijos crecieran en una atmósfera más tranquila. Trataría de permitir que los intereses y cualidades particulares de cada niño se desarrollaran con más facilidad."

Por último, sólo en la medida en que el niño se siente aceptado por sus padres se sentirá aceptado por otros y por Dios. Cada niño es tan único como sus propias huellas digitales. El sicólogo Duval sugiere como regla cardinal: "Acepte al hijo que tiene, y aprenda a gozarlo como la persona tan especial que es." Hay mucho para gozar de cada niño. El momento de gozar y aceptar al niño es durante el día, en sus juegos y actividades, no cuando está dormido en su cama o después que creció y se fue.

CUESTIONARIO PARA PADRES EN CUANTO A LA NECESIDAD DE SER ACEPTADO

Marque la respuesta en la columna apropiada: cierto, falso o generalmente.

C F G

___ ___ ___ 1. Acepto a mi hijo por lo que es, y no por su actuación.

___ ___ ___ 2. Aliento a mi hijo más de lo que lo critico.

___ ___ ___ 3. Evito la tentación de compararlo con los otros niños.

___ ___ ___ 4. Siento que no soy sobreprotector.

___ ___ ___ 5. Procuro tratar a cada niño como un individuo único.

___ ___ ___ 6. Miro al niño a los ojos cuando me habla.

___ ___ ___ 7. Trato a mis hijos tan cortésmente como lo hago con mis invitados y amigos.

___ ___ ___ 8. Admito frente a mi hijo mis errores y actitudes equivocadas.

___ ___ ___ 9. Busco no retar a mi hijo cuando éste expresa miedo o aprensión.

___ ___ ___ 10. Mi hijo se siente libre para traer a sus amigos a casa.

PARA DISCUSION

1. Mencione otros ejemplos de cómo el niño se ve presionado a cumplir los sueños de sus padres.

2. Discuta la dificultad de aceptar al niño por sí mismo mientras le hace saber que su conducta es inaceptable.

3. Discuta la sugerencia de que el padre debe sentirse libre para dar un regalo a uno de sus hijos sin dárselo a los otros al mismo tiempo.

4. Discuta algunas formas concretas de hacer que su hijo sepa que usted lo ama. Dé ejemplos de su propia experiencia.

5. ¿Cómo puede un padre recibir con afecto a los amigos de su hijo cuando siente que ellos no son la mejor compañía para su hijo?

6. Discuta el problema de la tentación del padre de aparentar ser el "padre perfecto" y qué efecto puede tener sobre el hijo.

7. ¿Siente usted que fue muy exigente con su primer hijo?

4
La Necesidad
de Amar
y Ser Amado

Cuando Dios quiere hacer algo grande en el mundo o cuando quiere enmendar un gran error, lo hace de la manera más extraordinaria. El no envía uno de sus terremotos ni manda uno de sus rayos fulminantes.

En vez de eso, hace nacer a una criatura indefensa, quizá en un hogar común y de una madre desconocida. Y luego Dios pone su idea dentro del corazón de la madre, y ella la pone en la mente de la criatura.

Y luego Dios espera.

Las fuerzas más grandes del mundo no son los terremotos ni los rayos fulminantes. Las fuerzas más grandes del mundo son los bebés. —E. T. Sullivan

* * *

La naturaleza cambia suavemente nuestro concepto en cuanto a nuestros hijos, especialmente cuando éstos son pequeños, cuando sería fatal para ellos el hecho de que no les amáramos. —George Santayana

* * *

Yo amo a estos pequeños; y no es algo sin importancia cuando ellos, que hace tan poco que salieron de Dios, nos aman. —Charles Dickens

*   *   *

Los niños no saben cuánto les aman sus padres, y nunca lo sabrán hasta que la tumba se cierre sobre ellos, o hasta que tengan sus propios hijos. —P. Cooke

LOS NIÑOS NECESITAN AMAR Y SER AMADOS

En su libro *Reality Therapy,*[1] el conocido siquiatra doctor William Glasser afirma su convicción de que no hay tal cosa como enfermedad mental. Los síntomas de desviación que hemos llegado a clasificar como enfermedad mental, afirma Glasser, son el resultado de una frustración de dos necesidades básicas en la vida. Estas necesidades son: amar y ser amado. Si alguna de estas necesidades no se satisface, la gente tiende a desequilibrarse emocionalmente. Como dijera Víctor Hugo: "La felicidad suprema de la vida es la convicción de que somos amados."

El recién nacido, el niño que crece, el adolescente, el adulto soltero, el padre y el anciano, todos necesitan afecto y expresiones de amor. El amor no puede darse por sentado.

El doctor René Spitz, un sicoanalista de Nueva York, se dedicó durante tres meses a observar las reacciones de los bebés en un hogar de huérfanos, donde el personal encargado estaba tan ocupado que cada niño tenía "la décima parte de una madre". El doctor Spitz encontró que aproximadamente el treinta por ciento de los niños murieron antes de cumplir su primer año. "El hambre emocional es tan peligrosa como el hambre física", dice el doctor Spitz. "Es más lenta, pero es igual de

---
[1] La Terapia de la Realidad.

59

efectiva. Sin la satisfacción emocional los niños se mueren."

La necesidad interior de amar y ser amado es muy fuerte. Durante toda la vida queremos hacer amigos. Como padres, la forma en que ofrecemos amor a nuestros hijos afecta profundamente su capacidad de relacionarse con los demás en una manera efectiva. En la medida en que incluimos a nuestro hijo en nuestras vidas, en que le mostramos amor, en que respondemos a su amor, en esa misma medida él es capaz de incluir a otros en su vida, en sus amistades y en su amor.

El doctor John G. McKensie dice: "No queda ninguna duda en cuanto al hecho de que ser amado y amar proporciona un sentido de pertenecer a alguien, ese sentido de seguridad que es necesario para la obtención de confianza. Sin la confianza no podemos enfrentarnos a la vida."

En su soneto "Puertas", Hermann Hagedorn expresa el sentimiento de un niño que no tuvo amor:

Como el tierno niño quien a la puerta de su madre
   Corre ansioso del abrazo de bienvenida,
   Y encuentra la puerta cerrada, y con rostro preocupado
Llama y con sollozos llama, una y otra vez
Llama, brama ante la puerta —así ante
   una puerta que no se abrirá, enfermo y aturdido,
   yo espero escuchar una palabra que no vendrá,
Y sé, por fin, que puede ser que no entre más.
¡Silencio! Y tras el silencio y la oscuridad
   esa puerta cerrada, el sollozo distante de lágrimas
Golpea en mi espíritu, cual en riberas encantadas
El mar espectral; y a través del sollozo, ¡escucha!
   Bajo el pasillo mágico de los años,
El cerrarse silencioso, de una en una, de las puertas.

Así, el niño que no tiene quien le ame encuentra "puertas cerradas" a través de toda su vida.

Cuando se le pregunta a un padre si ama a su hijo, esperamos que responda: "Por supuesto que amo a mi

hijo." Sin embargo, nos dicen, la pregunta más importante es: "¿Saben sus hijos que usted los ama?"

Un estudio hecho a adolescentes con problemas en
un gran colegio de Oklahoma señala la importancia de
decirle al niño que se le ama.

Primero los consejeros trabajaron durante mucho
tiempo para conseguir el interés y la confianza de diez
alumnos, quienes, según los profesores, eran los más
rechazados y desadaptados de la escuela. Luego el equipo
le preguntó a cada uno de ellos: "¿Cuánto tiempo hace
que tus padres no te dicen que te aman?" Sólo uno de los
estudiantes recordó haberlo oído alguna vez, y no
podía recordar cuándo.

En contraste, los consejeros usaron el mismo proce-
dimiento con los diez estudiantes, quienes, según los
profesores, eran los mejor adaptados en la escuela, a los
que se les aceptaba como líderes destacados. Sin excep-
ción, todos ellos respondieron que, en las últimas veinticuatro horas sus padres les habían asegurado verbal-
mente que los amaban. Algunas de sus respuestas fueron:
"Esta mañana", "Anoche" y "Ayer".

1. *El amor es una respuesta que se aprende.* Nosotros
aprendemos a amar. El niño nace sin saber cómo amar,
pero con una gran capacidad para amar. Algunas criatu-
ras, cuando se les niega el amor, literalmente se marchitan
y mueren. Otros niños desarrollan personalidades desvia-
das.

El niño necesita de cariño constante y cálido.
Necesita el brazo consolador del amor cuando está en
problemas, tanto como necesita alimento y aire fresco. En
realidad necesita mucho más amor cuando es poco
amable o está en problemas.

Cuando el bebé recibe amor, él responde a ese
amor y aprende a devolverlo. Este intercambio crece
constantemente. Lamentablemente, algunas personas,
particularmente los hombres, son víctimas del "tabú de
la ternura". Sin embargo, ser fuerte es también ser

tierno, compasivo y amoroso. Los débiles son crueles, desinteresados y faltos de amor.

2. *El amor entre los padres afecta la capacidad de amar del niño.* Cuando terminé de hablar sobre las relaciones familiares frente a un grupo grande de padres, un padre se me acercó y me dijo:

—Si yo entendí bien, esta noche usted dijo que la cosa más grande que yo puedo hacer por mi hijo es amar a su madre. ¿Estoy en lo cierto?

—Exactamente —respondí.

El saber que sus padres se aman provee al niño de seguridad, de estabilidad y de un sentido sagrado de la vida que no va a conseguir de otra manera. El niño que sabe que sus padres se aman mutuamente, que les escucha decirse palabras de amor mutuo, necesita muy poca explicación en cuanto al carácter del amor de Dios, o de la belleza del sexo.

Esto significa que el amor es visible. Significa fidelidad en realizar pequeños actos de amor. Significa consideración especial y cariño, y escribir cartas de amor cuando se está lejos del hogar. Significa susurrar palabras de amor en cuanto a la esposa o al esposo en los oídos de su hijo. Significa alabarse mutuamente delante del niño.

El niño necesita amor más que ninguna otra cosa, y quiere saber acerca del mismo. Si el verdadero amor no se demuestra en casa, el niño elegirá ideas falsas acerca del amor por medio del cine, las novelas y las revistas de nuestra cultura manejada por el sexo. El niño necesita ver a sus padres ejemplificando el amor verdadero. Un estudiante de secundaria escribió: "Lo que aumenta mi felicidad, y la de mi familia es la forma en que mi padre y mi madre se aman."

3. *El amor debe ser expresado.* Amar involucra todo en la vida. Hay ciertas cosas específicas que se deben recordar, pues ayudan a hacer que el amor sea práctico y a considerar sus implicaciones.

¿Cómo se comunica el amor? Decimos que el amor

lo sentimos. Eso es cierto. Las personas pueden comunicarse amor de muchas maneras no verbales. Algunos ejemplos: abrazos, sonrisas, palmear el hombro, mirar fijamente a los ojos del ser amado. Para el niño es importante que sienta y experimente el amor de manera práctica.

En mi familia tenemos un código simple, sin palabras, que usamos para transmitir nuestro amor. Cuando caminamos juntos, tomados de la mano, o cuando estamos sentados a la mesa, o dondequiera que fuera la hora apropiada, tres pequeños apretones de manos significan "te amo". Qué fácil es, y al mismo tiempo qué importante. Muchas veces, antes de acostarse, los niños vienen a que les demos el beso de las buenas noches, y buscan los tres pequeños apretones en la mano.

La mejor manera de enseñar amor es ser un modelo de amor. Como dijo un antiguo escritor teatral: "No aman los que no muestran amor."

Pero el amor también requiere expresión verbal. Algunos sienten que las palabras de amor para sus hijos son muy personales, y deben ser mantenidas en privado. Por lo común, tales personas se contradicen a sí mismas al no vacilar en usar palabras de desaprobación, y al castigarlos delante de todos. Para ser consistente, uno esperaría que ellos dejaran que sus hijos adivinen los sentimientos de desánimo y desaprobación. Las palabras de amor son necesarias. ¿Es demasiado fuerte afirmar que el amor que no se expresa con palabras no es verdadero amor?

Una expresión muy común en todos los hogares, particularmente de parte de los niños, es: "¿Sabes una cosa?" Conozco una familia que siempre responde inmediatamente: "Sí, yo sé una cosa: te quiero." ¡Qué hermoso! Un hijo pequeño de la misma familia estuvo gravemente enfermo en el hospital, sin poder hablar. Cuando sus padres se acercaron a su cama le susurraron en voz baja: "¿Sabes una cosa?" Aunque estaba muy débil y no podía hablar, sus ojos reflejaron claramente la respuesta.

4. *El amor pide acción.* Pronunciar palabras de amor y, sin embargo, no hacer lo que dicta el amor, también es sin valor. Cierto niño dijo: "Papá dice que me ama, pero él nunca tiene tiempo para mí."

Otro pequeño pedía continuamente a su padre que le ayudara a construir una casita en el patio de su casa. El padre le contestaba que sí. Pero cada fin de semana tenía algún compromiso de trabajo, o una cita para jugar al golf, o algún trabajo urgente en la casa, o algún compromiso social.

Un día, el pequeño fue atropellado por un auto y lo llevaron al hospital en muy grave estado. Cuando el padre estaba junto a la cama de su hijo moribundo, lo último que le oyó decir fue: "Bueno, papá, creo que nunca vamos a poder construir la casita."

Por supuesto, el niño no quería la casita tanto como quería a su papá.

Cierto padre compartió el cumplido que recibió de su hijo que se había graduado de la secundaria y se estaba preparando para ir a la universidad. El muchacho invitó a su padre a un viaje en bote con él. El padre no estaba muy deseoso de luchar contra las corrientes, llevar el bote bordeando las cascadas y sufrir molestias en lugares inhóspitos.

—Bueno —le explicó más tarde—, yo no nado muy bien.

Aparentemente iba a ser un viaje agotador. Por lo tanto, le dije a mi hijo:

—Consigue alguno de tus compañeros para que vaya contigo, y yo les voy a pagar el pasaje a los dos.

Pero su hijo respondió: —Papá, yo no quiero un compañero. Yo quiero que tú vayas conmigo.

Y eso era un cumplido.

5. *El amor implica confianza.* Rufus Mosely cuenta cómo se crió en los bosques de las montañas del sur de los Estados Unidos. La vida era ruda. Nadie tenía mu-

chas cosas. Pero, inspirado por sus padres, ganó una beca para ir a la universidad. El día que partió para la universidad, su padre resumió sus ansiedades y sus anhelos en estas palabras: "Hijo, no conozco mucho del mundo al cual te diriges, pero tengo confianza en ti." Mosely decía: "Nunca olvidé esas palabras."

Myers y Myers en *Homes Build Persons*[1] escriben: "Cuando los padres aman a los hijos sabiamente, tratan de ayudarles a sentir que son personas con sus propios derechos." Hacer esto implica confianza. Los padres desconfiados producen hijos tímidos.

6. *El amor requiere la disposición a escuchar.* La mayoría de los padres encuentran que es difícil escuchar. Están ocupados con las cargas del trabajo y, a menudo, están cansados. La conversación de un niño parece sin importancia. Sin embargo, aprendemos mucho más al escuchar que al hablar, especialmente con un niño.

El escuchar con cuidado los pequeños dolores, quejas y gozos de un niño comunica amor verdadero. Transmitimos amor cuando brindamos al niño nuestra atención completa y le miramos a los ojos cuando nos habla. ¿Han visto a algún niño tomar entre sus manos la cara de su padre y girarla para que lo mire? Sin embargo, ¡cuán a menudo los padres miran hacia cualquier lado cuando el hijo les habla! ¡Cuán a menudo el niño quiere contar algo, y el padre continúa leyendo su diario o lo castiga por interrumpirlo!

Realmente hay una relación muy estrecha entre el hecho de que el padre preste atención a las preocupaciones del hijo cuando éste es pequeño, y la medida en que ese niño va a compartir sus preocupaciones cuando sea adolescente. El padre que dedica tiempo para escuchar lo que su hijo le dice cuando es pequeño, podrá comprender a ese hijo más adelante. Y los padres que

---

[1] Los Hogares Edifican Personas.

escuchan a su hijo cuando es pequeño, tendrán un hijo que escuche a sus padres cuando éstos sean mayores.

7. *El amor significa compartir experiencias.* Al compartir experiencias del trabajo y del juego, se le está diciendo al hijo que sus padres lo aman y lo aceptan. En la revista *Farm and Ranch,* una madre relata cómo su hija adolescente llegaba a estar resentida y desafiante, y rompía a llorar cuando se le hacía el menor reproche.

"En vez de castigar a Betty, y recordarle continuamente su edad, decidí darle una cantidad grande de amor y aprobación", escribe. "Dejé de ordenarle que hiciera algunas tareas que se esperaba que hiciera, y le pedí que, en lugar de eso, trabajara conmigo y compartiera mis obligaciones. Antes tenía que lavar los platos de la cena sola, y se rebelaba —ahora lo hacíamos juntas y conversábamos mientras trabajábamos.

"Me propuse darle un abrazo cariñoso de vez en cuando, y alabarla con cariño cuando se lo merecía. Tanto mi esposo como yo dejamos de lado los entretenimientos de las noches para disfrutar con ella de algunos juegos . . . Gradualmente nos encontramos con nuestra hija otra vez."

Kenneth E. Eble, en su libro *A Perfect Education,* dice: "La risa, el amor y el aprendizaje se relacionan más íntima e idealmente en el juego." Cuando los padres muestran a sus hijios cómo hacer las cosas, cuando trabajan y juegan juntos, y crean una atmósfera agradable compartiendo momentos de alegría, el niño aprende cómo obra el amor.

Un sentido de unidad, comprensión y comunicación depende del hecho de compartir y estar juntos. Cuando el compartir está ausente, el sentido de soledad y falta de amor se hace presente.

A través de muchos años he preguntado a los padres y a los abuelos en conferencias sobre la familia: "¿Cuáles son los momentos más lindos que recuerda de su infancia?" Invariablemente las respuestas revelan que los mejores momentos que todavía recuerdan son aquellos que se compartían juntos como familia. Generalmente lo que recuerdan con deleite es alguna experiencia, aunque con el tiempo parezca pequeña e insignificante, que fue especial porque se vivió como familia. Y cada vez que se vuelve a contar esa experiencia parece como si se volviera a vivir.

Por eso la hora de comer, la de ir a dormir, la de descansar, la de trabajar, la de jugar y todos los otros momentos en que la familia comparte junta deben ser gozados lo más posible porque todos ellos brindan oportunidades para amar y ser amado.

8. *El amor construye relaciones francas y de bienestar.* El motivo más importante por el que un niño quiere ser bueno es el amor de sus padres hacia él. Cuando este amor se pierde, le queda muy poca motivación para ser bueno. Esto destaca la importancia de mantener las relaciones de una manera franca y gozosa. El amor necesita estar presente todo el tiempo, y sin condiciones. El doctor David Goodman aconseja: "Nunca diga al niño: '¡Yo te voy a querer si . . .!', ni le diga: 'yo te voy a querer, pero . . .!' Simplemente dígale: '¡Yo te quiero!', y dígaselo sinceramente, acompañando sus palabras con caricias y abrazos y cuidados y comodidad y diversión y risas y todo lo que el niño necesita para sentirse completamente seguro de que lo quiere."

El amor siempre mira más allá de las travesuras infantiles a la verdadera persona. Procura comprender la búsqueda de identidad del niño. El amor escucha aun cuando duela. El niño que se escapa del hogar es uno que no se siente cómodo en un ambiente donde hay falta de amor.

James L. Hymes, Jr., sugiere que los padres deben enamorarse cada día de su hijo simplemente porque es como es. El niño realmente vive por amor, no por casa, comida o vestido.

9. *El amor reconoce que las personas son más importantes que las cosas.* Como observamos anteriormente, a muchos padres les resulta difícil aprender que el

amor da más seguridad que las cosas. Los niños pueden recibir regalos maravillosos, y aun así sentirse odiados. ¿Por qué? Porque necesitan padres, no regalos.

Una familia dejó a su pequeño con unos amigos mientras ellos realizaban un viaje. A su regreso le entregaron un juguete hermoso y muy caro. El niño se puso a llorar, tiró el juguete al suelo, saltó sobre él y lo partió en pedazos. Los padres lo reprendieron severamente.

Pero no se necesita ser un sicólogo de niños para comprender qué había sucedido. Muchas veces, esos padres dejaban a su hijo con los amigos durante varios días. Cada vez que regresaban le traían regalos. En vez de apretar a su hijo en sus brazos para saludarlo, traían un regalo en sus manos. El niño sentía que lo estaban comprando.

En lo profundo del corazón de un niño está el deseo de amor. Ningún regalo frío va a reemplazarlo.

A veces los padres dicen: "Yo he luchado tanto toda mi vida, de modo que quiero hacer que las cosas sean más fáciles para mi hijo." Generalmente tales padres destruyen el resultado que quieren obtener. Quieren que su hijo sepa que lo aman profundamente. Pero, al trabajar tanto para obtener las cosas que creen que van a hacer feliz al niño, roban el tiempo que debían dedicarle al mismo. El niño siente que las cosas han llegado a ser más importantes que las personas. No se puede dudar de las buenas intenciones de esos padres, pero el resultado final es trágico.

Entonces, ¿qué es amar? Amar es dedicar tiempo a cada miembro de la familia. Es conversar alrededor de la mesa o alrededor del fuego o en un paseo campestre. Es la familia caminando y corriendo en los bosques y parques. Es la felicidad que viene de hacer un favor, de modo especial, a otra persona. Amor es unir las manos en algún proyecto. Es jugar a un juego en el que todos pueden participar y divertirse. Amor es reírnos de nosotros mismos y brindar a los demás un sentido de pertenencia. Es hablar de una preocupación común u orar juntos. Amar es escuchar. Es cualquier palabra o acción que produce el sentido de que yo amo y soy amado.

CUESTIONARIO PARA LOS PADRES EN CUANTO AL AMOR

Marque las respuestas en la columna apropiada: cierto, falso o generalmente.

C F G

___ 1. Durante las últimas veinticuatro horas le dije a mi hijo que le amo.

___ 2. Hacemos muchas cosas juntos como familia.

___ 3. Mi hijo tiene la libertad de discutir conmigo las experiencias que tiene fuera del hogar.

___ 4. Siempre dedico un rato a jugar con mi hijo.

___ 5. Cada semana dedicamos una noche a estar en familia.

___ 6. Nuestros hijos saben que nos amamos como esposo y esposa.

___ 7. En nuestro hogar hay una atmósfera de amor.

PARA DISCUSION

1. Discuta lo sabio de enfatizar más el valor de las personas que el de las cosas.

2. Haga un cálculo estimativo de la cantidad de tiempo que pasan juntos, como familia, durante las horas del día en una semana.

3. Discuta la afirmación: "La cosa más grande que puedo hacer por mi hijo es amar a su madre."

4. ¿Qué cosas específicas dice o hace usted en su hogar para expresar el amor entre usted y su hijo?

5. Discuta la afirmación: "Los padres desconfiados producen hijos tímidos."

6. ¿Siente que su amor es "condicional" la mayoría del tiempo?

7. Discuta la afirmación: "Yo he luchado mucho durante toda mi vida. Voy a hacer que las cosas sean más fáciles para mi hijo."

8. Si ustedes tuvieran todo un día para estar juntos como familia, ¿qué les gustaría hacer?

5
La Necesidad de Alabanza

Cuando alabamos a un niño, le animamos a que se acerque a la evaluación que tenemos de su potencial. Y atraemos hacia nosotros el bien de todo lo que apreciamos.

* * *

Al alabar a un niño, estamos elogiando y amando no lo que es, sino lo que esperamos que sea. —J. W. Goethe.

* * *

Las alabanzas de los demás pueden ser útiles para enseñarnos no lo que somos, sino lo que debemos ser. —August W. Hare.

* * *

En realidad, las palabras de alabanza son casi tan necesarias para dar calidez al niño llevándolo hacia una vida alegre, tanto como los actos de bondad y afecto. La alabanza apropiada es a los niños lo que el sol es a las flores. —Christian Nestell Bovee.

* * *

Séneca relata cómo Cornelia presentó a sus hijos a una dama que le había estado mostrando sus joyas, y preguntándole por las de ella: "Cornelia la entretuvo hablándole hasta que sus hijos regresaron de la escuela. 'Estos', dijo, 'son mis joyas.' "

* * *

71

Yo puedo vivir durante dos meses con un buen cumplido. —Mark Twain.

* * *

Nadie, grande o insignificante, deja de conmoverse por el aprecio genuino. Tenemos una necesidad doble: ser reconocidos y saber cómo reconocer. —Fulton Oursler.

* * *

Es un gran error que los hombres dejen de hacer cumplidos, porque cuando dejan de decir lo que es de buen gusto, van a dejar de pensar en aquello que es encantador. —Oscar Wilde.

LOS NIÑOS NECESITAN ALABANZA

Benjamín West describió cómo llegó a ser pintor. Un día, su madre lo dejó con su hermana Sally. El encontró algunos frascos de tinta de color y decidió pintar un retrato de Sally. Durante el proceso ensució toda la cocina. Cuando su madre regresó, no dijo nada en cuanto a la cocina. Tomando el papel en el que el niño había estado trabajando, exclamó: "¡Pero si es Sally!" Y ella recompensó su esfuerzo con un beso. West dijo: "El beso de mi madre ese día me hizo un pintor."

William James escribió: "El principio más profundo de la naturaleza humana es el anhelo de ser apreciado." Todos nosotros, envueltos por el gozo de sentir que hemos agradado, queremos hacerlo mejor. El doctor George W. Crane, autor y sicólogo social, dijo: "El arte de alabar es el comienzo del delicado arte de agradar."

Es un error común en los padres no alabar a su hijo. Hay muchos niños que casi nunca escuchan un cumplido. Sin embargo, se les castiga si fracasan. Es muy fácil dar una reprimenda, condenar y echar la culpa a los niños, enfocar la atención en sus fracasos, en su mala conducta y en lo que no hicieron. Piense en cómo mejoraría la conducta, y en el gozo que traería por resultado, si nuestras palabras de aliento a nuestros hijos igualaran o excedieran a nuestras críticas.

En una encuesta realizada por el Instituto Norteamericano de Relaciones Familiares, se les pidió a las madres que informaran el número de veces que hacían comentarios negativos o positivos a sus hijos. Encontraron que criticaban diez veces más de las que hacían un comentario favorable. Una conclusión del estudio fue que se necesitan cuatro afirmaciones positivas para compensar los efectos de una afirmación negativa en el niño.

El niño que no recibe la cantidad normal de elogios y aprecio la va a buscar de maneras equivocadas y a veces dañinas. Un gramo de alabanza puede lograr más que una tonelada de censura. Y, buscando bien, se puede encontrar algo digno de alabanza en cada niño.

Martín Lutero dijo: "Escatime la vara y echará a perder al niño —eso es cierto. Pero al lado de la vara tenga a mano una manzana para darle cuando haya hecho algo bien."

Una pequeña llegaba sucia todos los días a la escuela. La maestra pensó que traía la misma suciedad día tras día. Como la maestra era amable y comprensiva, no quiso dañar los sentimientos de la niña ni ofenderla. Ella sabía que la niña no estaba recibiendo la debida atención en su casa. Quizá a los padres no les importaba, pero a la maestra sí.

Un día la maestra le dijo: "Tienes unas manos muy lindas. ¿Por qué no vas al cuarto de baño y te las lavas para que la gente vea lo hermosas que son?"

Encantada, la niña se lavó las manos y regresó radiante. Levantó orgullosa las manos, mostrándoselas a la maestra.

"¡Oh, están hermosas! Mira qué diferencia hacen un poco de agua y jabón", dijo a la niña, mientras la abrazaba con cariño.

Después de eso, la niña venía a la escuela un poco más limpia cada día. Finalmente llegó a ser una de las alumnas más aseadas de la escuela.

¿Por qué esa niña cambió tanto? Porque hubo

alguien que le hizo un cumplido. Mediante la alabanza de sus puntos buenos, la niña mejoró.

Muy pocas veces las personas cambian porque les señalemos sus errores. Tampoco nos van a amar porque lo hagamos. Lo más probable es que nos rechacen. Si queremos ayudar a otros para que sean personas hermosas, debemos trabajar a través de la alabanza y el estímulo sinceros. La alabanza sincera es el calor y la ternura que todos necesitamos para cambiar y ser mejores.

Si miramos hacia atrás, podemos darnos cuenta que, probablemente, fueron las palabras amables y alentadoras de un padre, un maestro o un amigo, las que nos dieron confianza propia y la buena imagen que tenemos de nosotros mismos. La crítica que recibimos fue la que ocasionó nuestros problemas de identidad.

El doctor W. Taliaferro Thompson, en su excelente libro *Adventures in Parenthood*[1], comparte esta experiencia: "En nuestro hogar existía la regla de que antes de que un niño pudiera salir a jugar el sábado por la mañana, tenía que tender su cama y limpiar su habitación. El dormitorio de nuestro hijo de once años estaba al comenzar la escalera. Generalmente la puerta estaba abierta, y yo revisaba al pasar. Si él no había ordenado sus cosas, yo entraba y se lo decía.

"Una mañana, cuando estaba por la mitad de la escalera, noté que su dormitorio estaba impecable; lo había mirado de reojo y me había dado cuenta. Si hubiera estado desordenado, seguramente habría entrado en su dormitorio y hubiera comenzado a reprocharle.

"Algo avergonzado, volví sobre mis pasos, entré y examiné su cama con mucho cuidado. Estaba muy bien tendida. Honestamente se merecía un cumplido. 'Muy bien hecho, hasta el inspector más estricto estaría satisfecho con esto. Puede pasar la inspección de la mejor escuela militar', le dije.

"Ustedes saben cómo los perritos comienzan a

---

[1] *Aventuras en la Paternidad.*

menear todo su cuerpo cuando se les palmea o se le habla de manera amistosa; mi hijo fue afectado de la misma manera. Su respuesta fue inmediata y asombrosa. 'Papá', me dijo, 'creo que voy a ir a buscarte el correo'. Esto quedaba muy lejos de casa. 'Cuando vuelva voy a ir a cortarme el pelo.' Habíamos hablado varias veces durante la semana del estado de su cabello pero sin resultado. 'Cuando vuelva de allí, creo que voy a lavar el auto.'

"Le había hecho la alabanza que se merecía y, como resultado, mi hijo sentía que Dios estaba en el cielo, y todo iba bien en el mundo. Y yo había estado tan cerca de pasar de largo y no decirle nada en cuanto a un verdadero logro que llevó tiempo, esfuerzo y bastante habilidad."[1]

El alabar a un niño no lo malcría. El niño que no recibe alabanza por algo bien hecho cuando él lo merece es el que va a buscarla de maneras peligrosas. Por eso cuando la pandilla lo alaba por mentir y robar, naturalmente va a tratar de convertirse en un experto en ello.

Guías para Alabar a un Niño

1. *Alabe la actuación del niño, no su personalidad.* Debemos alabar al niño por lo que hace, no por su carácter. Después dé una palabra amable alabando el carácter del niño, como por ejemplo: "Has sido un niño muy bueno", él generalmente responde portándose mal. ¿Por qué? Puede ser que tenga miedo de no poder vivir al nivel de bondad que se espera de él. El niño siente que, de alguna manera, debe negar lo que siente que no es cierto.

Una familia informó de lo que le sucedió en un viaje. Durante medio día su hijo pequeño, que viajaba en el asiento trasero, se portó tan bien quedándose callado que la madre se dio vuelta y le dijo: "Billy, has sido un niño muy bueno esta mañana." Después de este

---

[1] W. Taliaferro Thompson, *Adventures in Parenthood.* (Richmond: John Knox Press), pp. 47, 48.

cumplido vino un problema tras otro. Vació el cenicero en el asiento, hizo ruido y tiró cosas por todos lados. ¿La razón? Cuando estaba quieto era porque sentía que era insignificante con respecto a todo los del auto. Estaba enojado porque habían tenido que salir justo cuando él y sus amigos habían hecho tan lindos planes para la semana. Cuando mamá le dijo que él era "bueno", él estuvo más seguro de que necesitaba negar lo que ella había dicho.

En vez de hacer algún comentario en cuanto al carácter, la alabanza debe reconocer las tareas bien hechas, las buenas acciones hacia los demás, el ser honesto y merecedor de confianza. Los padres deben felicitar al niño por esforzarse por hacer las cosas bien, aunque no lo haya conseguido completamente. La alabanza debe dirigirse hacia el progreso realizado.

2. *Alabe aquellas cosas por las que el niño es responsable, no por las que él no puede hacer nada al respecto.* Por ejemplo, él no hizo nada para tener ojos azules o un cabello hermoso. Alabar al niño por tales cosas puede crear orgullo y engreimiento. Pero alabar al niño por actos de bondad y generosidad no le daña, ni hace que se vuelva orgulloso. El necesita esta aprobación para sentirse útil y de valor. El niño va a responder al aprecio genuino con buena conducta. El niño que tiene la aprobación de otros puede llegar a ser humilde. El niño orgulloso o jactancioso no está seguro de su valor.

3. *Reconozca que el elogio se necesita especialmente de la gente que es importante para el niño.* Para el niño los padres son las personas más importantes del mundo. El mundo del niño es pequeño. Los padres son el centro de ese mundo. Y cuando los padres alaban al niño, éste se siente amado y seguro. Como un hijo observara: "No me importó lo que cualquier otra persona me haya dicho. Eso no tenía mucha importancia. Pero cuando mi papá me dijo: 'Hiciste un buen trabajo', mi mundo cambió."

Alabar a un adolescente significa ayudarle a superar

su timidez y desarrollar su independencia. La alabanza desarrolla generosidad, iniciativa y cooperación.

La falta de reconocimiento origina que el niño sienta que no lo necesitan, ni lo desean, y que es un estorbo. Esto es así no sólo entre padres e hijos, sino en otras relaciones como en la escuela, trabajo o juego. Cierta escuela estaba plagada de un número muy alto de alumnos que abandonaban los estudios. Debían hacer algo. Una persona muy perspicaz sugirió que los profesores tenían que ser más comunicativos. Les propuso que hablaran con los estudiantes en los pasillos, llamándolos por su nombre de ser posible. Muy pronto la escuela tuvo un número excepcionalmente bajo de desertores.

4. *Alabe sinceramente.* El niño se da cuenta cuando usted es sincero. No puede ser engañado. La alabanza no debe ser falsa. La adulación no tiene ningún sentido. La sinceridad enseña al niño cómo aceptar con tranquilidad las felicitaciones y cómo recibir los honores con humildad.

5. *Alabe al niño en lo que hace por iniciativa propia.* Hacer algo de valor sin que se le haya dicho merece un estímulo especial. Tal reconocimiento le lleva a que tenga aún más confianza en sí mismo.

Esto significa que el padre también debe estar siempre listo para animar al perdedor. En una carrera todos pierden menos uno. Las actitudes, así como los logros, son dignos de alabanza. Alabar a un niño que se esforzó, aunque perdió, le da el valor para seguir tratando y la motivación para los momentos difíciles que toda persona debe enfrentar.

Alta Mae Erb escribe en *Christian Nurture of Children:* "Se puede desanimar la confianza de un niño si se le dan tareas demasiado difíciles para su capacidad, y luego se trata de mantenerlo en un nivel demasiado alto para él. Los comentarios sobre la primera torta que el niño hace son más importantes que el gusto de la misma."

6. *Tenga presente que cuanto antes llegue la alaban-*

za, mejor. Si el padre está cerca cuando se ha logrado algún éxito, es bueno. Si el padre está presente cuando el niño trató de hacer algo y fracasó, y le da una palmada de aliento, es mucho mejor.

7. *Recuerde que, al dar aliento, las actitudes de los padres son tan importantes como sus palabras.* La manera en que un padre deja lo que está haciendo para escuchar, la manera en que un padre comparte el éxito o el fracaso; el tono de voz de un padre —todas estas cosas crean una atmósfera que anima o desanima al niño.

Si el niño vive con alabanza, aprende a apreciar. Un adulto puede vivir sin la alabanza diaria. El niño, no. Debe tenerla para poder desarrollarse. Sin alabanza se va a sentir inferior. Dichoso el niño que recibe alabanza sincera y genuina.

Will Sessions, al discutir el tema "Si yo tuviera un adolescente", dice: "Yo lo alabaría. Si el jovencito soplara una bocina, trataría de encontrar por lo menos una nota que suene bien a mi oído, y diría una palabra sincera en cuanto a ella. Si la composición para el colegio fue de mi agrado, se lo diría, esperando que traiga una buena calificación cuando se la devuelvan. Si elige una camisa o corbata, o medias o zapatos que son como a mí me gustan, yo se lo diría."

Probablemente no hay nada que aliente más al niño a amar la vida, a querer hacer cosas y a ganar confianza, que la alabanza apropiada y sincera —no halagadora, sino el cumplido honesto cuando hace algo bien."

CUESTIONARIO PARA LOS PADRES
EN CUANTO A LA ALABANZA

Marque la respuesta en la columna apropiada: cierto, falso o generalmente:

C F G

__ __ __ 1. Acostumbro hacer cumplidos y alabar a mi hijo.

__ __ __ 2. Cuando mi hijo me habla, le presto la misma atención que cuando me habla un adulto.

__ __ __ 3. Creo que mi hijo siente que lo aprecio como tal.

__ __ __ 4. Mi hijo expresa su aprecio por lo que he hecho o dicho.

__ __ __ 5. Alabo a mi hijo por su actuación más que por su personalidad.

__ __ __ 6. Alabo a mi hijo cuando pierde, tanto como cuando gana.

__ __ __ 7. Siento que la atmósfera de nuestro hogar es alentadora.

PARA DISCUSION

1. Anote durante uno o dos días las veces en las que usted expresó aprecio, y las veces que expresó comentarios críticos sobre su hijo.

2. Recuerde ejemplos de cuando su hijo respondió a la alabanza. ¿Cómo reaccionó? ¿Qué hizo?

3. ¿Puede recordar si hubo cambios en su hijo como resultado de la crítica?

4. Discuta la diferencia entre crítica constructiva y destructiva.

5. Informe de las veces en que una palabra de alabanza o aliento le ayudó a usted a ganar confianza y satisfacción. ¿Quiénes eran esos amigos?

6. Discuta lo que ocurre con el niño si sus padres se enojan cuando él pierde en algún deporte o en cualquier otro esfuerzo.

7. ¿Qué guías adicionales sugeriría con respecto a la alabanza?

8. Discuta la afirmación: "El niño generalmente vive de acuerdo con su reputación."

9. ¿Cuál es la mayor alegría que usted recibe por ser un padre?

10. ¿Cree que es posible alabar demasiado a un niño?

6
La Necesidad
de Disciplina

Guarda, hijo mío, el mandamiento de tu padre,
Y no dejes la enseñanza de tu madre;. . .
Porque el mandamiento es lámpara,
y la enseñanza es luz,
y camino de vida las represiones que te instruyen.

—Proverbios 6:20, 23

* * *

Hijos, obedeced en el Señor a vuestros padres,
porque esto es justo. Honra a tu padre y a tu madre, que es
el primer mandamiento con promesa; para que te vaya
bien, y seas de larga vida sobre la tierra.

Y vosotros padres, no provoquéis a ira a vuestros
hijos, sino criadlos en disciplina y amonestación del
Señor. —Efesios 6:1-4

* * *

Padres, no exasperéis a vuestros hijos, para que no
se desalienten.

—Colosenses 3:21

* * *

El comienzo es la parte más importante de todo
trabajo, especialmente en el caso de un tierno niño,
porque ese es el momento cuando se está formando el
carácter, y la impresión deseada se fija con más rapi-

dez. ¿Vamos a permitir descuidadamente que los niños escuchen cuentos vulgares, que quizá son presentados por personas vulgares, y que reciban en sus mentes ideas totalmente opuestas a las que desearíamos que tuvieran? —Platón

* * *

Usted puede hacer cualquier cosa con los niños solamente jugando con ellos.

—Eduard Bismark

* * *

Cuídese de fatigarlos con una exactitud enfermiza. Si la virtud se presenta ante el niño con un aspecto de melancolía y obligación forzada, mientras que el libertinaje se le presenta bajo una forma agradable, está todo perdido, y su trabajo es en vano. —Francis de S. Fenelon

LOS NIÑOS NECESITAN DISCIPLINA

Un niño de doce años llenó un cuestionario de la escuela. En el espacio provisto para el nombre del padre o tutor, escribió el nombre de su padre. La línea siguiente preguntaba 'relación'. El niño escribió: "muy buena".

Si las relaciones entre padres e hijos van a ser buenas, una de las principales funciones del padre es establecer límites de conducta. La disciplina efectiva requiere sabiduría, paciencia y persistencia.

Decir que el amor es todo lo que se necesita para ser un buen padre es tan falso como decir que el amor es todo lo que se necesita para que un matrimonio sea feliz. Casi todas las personas divorciadas admitirán que amaron a su compañero en cierta época.

En su obra *Love is not Enough,*[1] Bruno Bettelheim dice que los sentimientos de ternura, afecto y amor deben estar moderados por el conocimiento, comprensión y autocontrol de parte del padre. Todos nosotros conocemos a padres cuya filosofía es nunca decir "no" a sus hijos. Tales padres crían hijos que no se preocupan por nadie ni por nada. Un editor de la revista *Look*, Leonard Gross, escribió cierta vez: "El niño con libertad ilimitada se asusta; sospecha que nadie lo ama."

Un maestro compró una pecera grande y la llenó con agua. Cuando el agua estuvo a la temperatura am-

[1] *El Amor No Es Suficiente*

biente, colocó algunos peces en la pecera. Pero los peces se comportaban de manera extraña, se amontonaban apretados en el centro del recipiente sin moverse casi nada. Pocos días más tarde, compró piedras de colores para la pecera. Después de colocar las piedras, los peces nadaron libremente. Las piedras en el fondo mostraban dónde se acababa el agua, cosa que los peces no sabían antes de ser colocadas las piedras.

De manera muy similar, el niño que no conoce los límites para su conducta se siente inseguro y falto de amor. Encuentra libertad cuando sabe con seguridad dónde están sus límites. Un sicólogo de niños en Augusta, Georgia, el doctor Peter G. Crowford, dice que los problemas emocionales de la juventud se originan, no en una disciplina firme, sino en la ausencia de ella. La juventud necesita límites.

El niño no siempre siente afecto hacia el padre, no importa cuánto se esfuerce éste. El padre que exige la aprobación y el afecto constante de su hijo, pronto verá a éste en problemas. El padre responsable debe hacer algunas decisiones que no son populares. Si cede cuando sabe lo que el verdadero amor dicta para el beneficio del niño, con el tiempo va a perder el respeto de su hijo, y a su hijo mismo.

Wallace Denton, en su práctico libro *Family Problems and What to do About Them,*[1] señala que los padres eficientes generalmente poseen ciertas cualidades básicas: "Entre éstas se encuentran: (a) Habilidad para aceptar al niño afectuosamente. Sin esto, el niño siente la frustración de no poder amar de una manera saludable, y se ve a sí mismo como una persona sin valor; (b) Conducta estable de los padres. Esto significa que la manera como los padres se relacionan con el hijo debe ser invariable día tras día. Algunos padres parecen amar al hijo en cierto momento, y odiarlo al siguiente. El niño de un hogar con disciplina invariable, posiblemente está en

---

[1] Problemas familiares y qué hacer respecto a ellos.

mejor posición que aquél cuyos padres vacilan entre el amor y el rechazo; (c) Establecimiento de límites definidos de conducta. Los límites particulares pueden variar de familia en familia. Es importante que el niño los comprenda con claridad, y que el padre los mantenga con constancia. Sin límites el niño se vuelve confuso y ansioso. Si no aprende en el hogar a vivir dentro de ciertos límites, el niño tendrá dificultad para vivir dentro de los límites de la realidad una vez que salga al mundo exterior."

1. *Definición de disciplina.* Generalmente se define la disciplina como un castigo para producir obediencia. Esto es demasiado estrecho. La palabra "disciplina" viene de la misma raíz que "discípulo". Y tanto "disciplina" como "discípulo" vienen de la palabra latina para alumno, significando instruir, educar y capacitar. Disciplina abarca todo el modelado del carácter del niño a través de alentar la buena conducta y corregir el comportamiento inaceptable. El castigo es la parte de la disciplina que provee una disuasión temporaria.

El castigo por la mala conducta no produce automáticamente buena conducta. La disciplina incluye también la responsabilidad del padre para cambiar la mala conducta, al alentar y formar buena conducta para que tome el lugar de la primera. La disciplina incluye educación y restricción —dos elementos necesarios para la vida. Un buen jardinero nutre y poda sus plantas para que den buenos frutos. Las malas hierbas crecen solas, sin ningún cuidado especial. Lo que nosotros queremos dar a nuestro hijo es capacitación. Pensar en la disciplina en este sentido más amplio nos ayuda a darnos cuenta de que los métodos de disciplina pueden ser más variados de lo que generalmente asumimos. La disciplina incluye todo lo que el padre hace o dice para ayudar a su hijo en su aprendizaje y desarrollo hacia la madurez.

2. *Propósitos de la disciplina.* Los padres deben preguntarse constantemente: "¿Cuál es la meta final a la

que estamos apuntando en la capacitación de nuestros hijos?"

3. *Métodos de disciplina.* La reacción del niño a la disciplina de los padres es de mucha más importancia que el método usado. Aquí hay algunos breves principios guías que pueden serle útiles:

La acción positiva generalmente provoca la conducta deseada más rápidamente que la acción negativa.

Use la alabanza más que el reproche.

Vea por anticipado las zonas de problemas, y trátelas antes que se desarrolle el conflicto.

Anime en vez de regañar.

Procure la honradez.

Escuche las explicaciones antes de llegar a la conclusión final.

Sea consistente, pero no inflexible.

Evite el ridículo, el sarcasmo y la ironía.

Explique sus decisiones cuando sea posible, pero demande obediencia inmediata cuando sea necesario.

Establezca límites de conducta claros y definidos, evitando las reglas detalladas o arbitrarias que provocan confusión.

Haga las decisiones terminantes lentamente, especialmente cuando está cansado o bajo tensión. Use "puede ser" en vez de "no", o "lo voy a pensar".

Considere las diferencias individuales de los niños y tome sus decisiones de acuerdo con aquéllas.

Si se hace necesario tomar medidas negativas, adminístrelas con sabiduría.

Distinga entre disciplinar y castigar. Muchas acciones descuidadas y peligrosas se pueden mejorar sólo con advertencias constantes durante un largo período de tiempo, mientras que el mal comportamiento deliberado debe ser castigado inmediatamente.

Castigue sobre la base del motivo, no del resultado. Se debe tratar con más severidad una mentira que el volcar un plato de sopa.

Ejecute el castigo de acuerdo con la ofensa. La humillación en público y el castigo a todo el grupo pocas veces son efectivos.

Evite tomar medidas disciplinarias en la mesa. Durante las comidas se debe fomentar una atmósfera de armonía.

Posponga el castigo severo hasta que usted esté calmado y controlado. Las decisiones impulsivas generalmente hacen que tenga que lamentarlo después.

No amenace al niño. Castíguelo o perdónelo.

No castigue al niño obligándole a hacer cosas que deberían provocarle alegría. Por ejemplo, algunos padres a veces han obligado a sus hijos a leer poemas o la Biblia como castigo.

Establezca un mínimo de reglas, y enfatícelas.

Los métodos de disciplina pueden resumirse bajo tres títulos: (1) reglamentación; (2) imitación; (3) inspiración.

La *reglamentación* es particularmente importante en los primeros años. Las demandas deben ser hechas de manera clara y comprensible. El niño va a respetar al padre que pone reglas. El niño va a respetar el castigo de los padres cuando desobedece las reglas, más que los regaños o las amenazas que no son claras. Un niño de ocho años dijo: "Hoy tuvimos a una maestra suplente. Nos dejó hacer cualquier cosa, y no nos gustó." Los niños se vuelven confusos y tristes cuando se les permite hacer lo que ellos saben que está mal.

A veces la disciplina puede lastimar física y emocionalmente, pero el padre que deja de usarla porque puede lastimar momentáneamente está haciendo una injusticia al hijo. Si un niño se quiebra un brazo, va a ser doloroso colocar el hueso en su lugar. Quizá el niño le pida al padre que no se lo arreglen. ¿Va a permitir ese padre que el niño corra el riesgo de ser un lisiado por evitar el dolor del momento? Por supuesto que no. De la misma manera, ¿por qué arriesgarse a hacer de su hijo un lisiado moral al negarse a brindar la capacitación positiva que produce un buen carácter?

Reglamentación significa establecer reglas que deben ser cumplidas. También implica la aplicación de castigo físico o el retiro de los privilegios.

Aunque las reglas son importantes, cuídese del "amor asfixiante", como alguien lo llamó. No es sabio mantener a un joven dependiendo de las decisiones de los padres cuando debería estar tomando sus propias decisiones. Esto puede tener sobre el joven un efecto similar al de "ayudar" a una mariposa, que tiene capacidad propia, a abrir su capullo.

Un segundo método de disciplina es la *imitación*. Walt Whitman escribió: "Había un niño que salía todos los días y, en el primer objeto que veía, en ese objeto se convertía." El niño es todo oídos, ojos y poros abiertos. Es una superficie absorbente. El pequeño responde a las personas que lo rodean y las imita. El trata de ser como aquellos a quienes ama y admira. La clase de persona que un niño llegará a ser depende de la clase de adultos a quienes ha amado y admirado. El padre nunca debe hacer nada que no quiera que su hijo imite.

El concepto que el niño tenga de lo bueno y lo malo depende de los lazos emocionales que existan entre él y sus padres. Los estudios científicos cuidadosos indican que los que no son delincuentes tienen relaciones satisfactorias con sus padres desde muy temprano en la vida, mientras que los delincuentes no las tienen. Si los padres esperan criar hijos disciplinados, es imperativo que en primer lugar ellos den el ejemplo. Un gramo de acción equivale a una tonelada de conversación. Lo que establece el modelo para el niño es lo que el padre es, más que lo que dice.

Lo que los padres hacen en sus propias vidas es mucho más importante que lo que dicen, o los límites que establecen, porque el niño imita a los padres en lo bueno o lo malo.

Una caricatura mostraba a un padre preocupado, apoyando sus codos sobre la mesa del comedor. Estaba mirando a su esposa, y se quejaba: "¿Por qué no pueden darse cuenta de que está mal que cualquiera, menos yo, se siente de esta manera?" Otra persona comentó: "Los niños nacen imitando. Ellos se comportan como sus padres, a pesar de todos nuestros esfuerzos para enseñarles diferentes modales."

Un tercer método de disciplina es la *inspiración*.

He aquí el gran secreto de la disciplina. Si los padres son verdaderamente felices y encuentran realización uno en el otro, es sorprendente cómo este desborde de contentamiento hace que los niños se porten bien.

La disciplina y el control no marchan bien a menos que existan en un marco de buenos sentimientos, afecto y diversión. Los métodos actuales de disciplina no son tan importantes como la firmeza de los padres y el espíritu siempre presente de querer ayudar al niño. El niño debe sentir la buena voluntad y el afecto de los padres. Los niños aman y responden a rostros sonrientes. El amor constante lleva al comportamiento adecuado. El jovencito necesita saber que siempre puede contar con sus padres.

El clima del hogar, en todos sus aspectos, tiene mucho que ver con la disciplina adecuada. Cierta madre hizo un trato con sus hijos: "Yo no quiero ser una madre que rezonga constantemente", les dijo. "Por lo tanto, para esta semana tengo un puñado de monedas. Vamos a dividirlas. Cualquier momento en que uno de ustedes me oiga rezongar, pídame una moneda. Pero si yo los encuentro peleándose, entonces ustedes me tienen que dar una moneda a mí. ¿Hacemos el trato?"

Lo hicieron, y ayudó tanto a la madre como a los hijos a crear un clima más apropiado en el hogar.

Los Cinco Principios de la Buena Disciplina Según Dobson

Uno de los libros más útiles, prácticos y realistas en cuanto a la disciplina es el de James Dobson, *Atrévase a Disciplinar*. El doctor Dobson es profesor asistente de Pediatría en la Escuela de Medicina de la Universidad del Sur de California, en los Angeles. El dice: "Estoy completamente convencido de que se puede lograr el control apropiado de los niños con una filosofía razonable, con sentido común, donde se involucran cinco elementos claves."

El primero de estos principios para la disciplina del niño es *desarrollar el respeto hacia el padre*. Esto es importante, no para el ego del padre, sino porque la relación entre padre e hijo provee la base para todas las relaciones futuras del niño.

"Si usted quiere que su hijo acepte su escala de valores cuando llegue a la adolescencia, entonces tiene usted que ganar su respeto durante los días de su infancia", aconseja Dobson. Señala que la religión es un área donde este factor es muy importante. Si los padres no son merecedores de respeto, entonces tampoco lo serán su Dios y su moral.

Dobson advierte al padre que determine primero si una acción indeseable representa un desafío directo a la autoridad. Darle una paliza a los niños de diez años o menos debe reservarse para el momento en que el niño expresa un desafiante "No quiero" o "Cállate la boca." El dice que, paradójicamente, los niños quieren que se les controle, pero insisten en que sus padres se ganen el derecho a controlarlos.

El segundo principio que Dobson recomienda es *reconocer que a menudo la comunicación se mejora después del castigo*. Después de la ventilación emocional que sigue al castigo, el niño a menudo quiere expresar su amor abrazando al padre. El padre debe responder con los brazos abiertos y usar la oportunidad para comunicar su amor y el motivo para el castigo.

Controle sin sermonear es el tercer principio para la disciplina del niño. Es demasiado fácil decir al niño que haga algo cuando tanto éste como el padre saben que esto es sólo el preludio de varios pasos que van a resultar en enojo. Esto hace que sea difícil para el padre esperar la obediencia inmediata, porque el niño también conoce el juego y está muy deseoso de jugarlo.

En su cuarto principio Dobson sugiere que los padres *no saturen a los hijos con un materialismo excesivo*. El siente que privar al niño temporalmente de algo aumenta el aprecio. El materialismo excesivo disminuye la emoción de recibir. Dobson dice: "Aunque suene paradójico, usted le está robando placer al niño cuando le da demasiado."

La quinta sugerencia para los padres es *evitar los extremos en el control y el amor*. Si el padre es demasiado estricto, el niño sufre la humillación de saberse totalmente dominado. El vive en un temor constante y es incapaz de tomar sus propias decisiones. El ser demasiado permisivo es igualmente trágico, porque se le enseña al niño que el mundo es su dominio privado y no respeta a quienes están más cerca de él.

Dobson también menciona otro aspecto de nuestra sociedad que ha aumentado el dilema padre-hijo —el hogar en el que el padre y la madre representan extremos opuestos. El padre tiende a ser más falto de conmiseración y más pronto a aplicar el castigo. Considera que el hogar es un lugar para escaparse de las presiones del mundo en el trabajo diario. Quiere descansar y tiene poca paciencia con los niños, quienes pronto aprenden a mantenerse alejados de él. Dado que a menudo la madre no tiene un trabajo fuera de la casa, ella tiende a compensar la rudeza del padre, yendo en la dirección opuesta con la misma fuerza. El niño se siente atrapado en el medio. No respeta a ninguno de sus padres porque cada uno está minando, de una manera efectiva, la autoridad del otro.

Los niños obedecen y honran a sus padres no tanto porque la Biblia dice que deben hacerlo, ni tampoco porque los padres hacen todo bien. Ellos responden al amor, la comprensión y las relaciones significativas con sus padres en el trabajo, en el juego y en la vida diaria compartida juntos.

CUESTIONARIO PARA LOS PADRES
EN CUANTO A LA DISCIPLINA

Marque la respuesta en la columna apropiada: cierto, falso o generalmente.

C F G

— — — 1. Siento que mi hijo me respeta como persona.

— — — 2. Varío mi disciplina de acuerdo con las diferencias de los niños y sus edades.

— — — 3. Evito decir: "Haz esto porque yo te lo digo."

— — — 4. No castigo para dar una salida a mi propio enojo.

— — — 5. Transmito mi amor a mi hijo después de haberlo castigado.

— — — 6. Creo que en nuestra familia entendemos claramente cuál conducta es permitida y cuál no.

— — — 7. Nos mantenemos juntos como esposa y esposo en la disciplina de nuestros hijos.

PARA DISCUSION

1. Discuta el significado de disciplina.

2. ¿Por qué cada niño necesita disciplina?

3. ¿Está usted de acuerdo con la afirmación: "El niño va a golpear hasta que encuentre sus límites"?

4. ¿Cómo puede el padre incitar a la mala conducta?

5. ¿Encuentra usted que la comunicación con su hijo es más fácil después del castigo?

6. ¿Qué es mejor, la disciplina sin amor o la ausencia total de disciplina?

7. Responda a la afirmación: "El padre puede disciplinar a un niño de cuatro años pegándole, pero un adolescente necesita que lo aconsejen."

8. ¿Es usted más estricto o permisivo con sus hijos de lo que sus padres fueron con usted?

9. Si es posible, lea *Atrévete a Disciplinar,* de James Dobson.

10. Llene y discuta el cuestionario del Apéndice A: "¿Hasta dónde es usted permisivo?", que comienza en la página 109.

7
La Necesidad
de Dios

Nadie hizo nunca barro y luego lo dejó abandonado, como si los ladrillos se hicieran por casualidad. —Plutarco

* * *

Las palabras religiosas sólo tienen valor para el niño cuando su experiencia en el hogar les da sentido. —Canon Lumb

* * *

Si Jehová no edificare la casa, en vano trabajan los que la edifican.

—Salmo 127:1

* * *

Querido Señor, yo no te pido
Que me des alguna gran obra que haga para ti,
Algún llamado noble, o alguna tarea maravillosa.
Dame una mano pequeña para que la sostenga en la mía.
Dame un niño pequeño al cual señalar el camino
En el sendero extraño y dulce que lleva hasta ti.
Dame una voz pequeñita que logre orar;

Dame dos ojos brillantes para ver tu rostro.
La única corona que pido llevar, querido Señor,
Es ésta: poder enseñar a un pequeño.
Yo no te pido que me encuentre alguna vez
Entre el sabio, el poderoso, el grande.
Yo sólo pido que, tomados de la mano, suavemente,
Un niño y yo podamos atravesar la puerta.
     —Autor desconocido

Ellos son ídolos de corazones y de familias.
  Ellos son ángeles de Dios encubiertos.
La luz del sol aún duerme en sus bucles.
  Su gloria aún brilla en sus ojos.
Estos tunantes del hogar y del cielo
  me han hecho más humano y apacible.
Y ahora sé cómo Jesús pudo comparar
  el Reino de Dios con un niño.
     —Charles M. Dickinson en *The Children*

LOS NIÑOS NECESITAN
A DIOS

Cuando la princesa Margarita tenía sólo cinco años, los diarios publicaron la noticia de que cierto día ella salió de la iglesia muy amargada y decepcionada. La oración del pastor la había molestado.

"¿Por qué oró sólo por ti, por papi y por Elizabeth?", preguntó a su madre. "Yo soy tan mala como ustedes."

Es fácil que los adultos pasen por alto las necesidades y preocupaciones espirituales de los niños. Es importante que el niño sepa cómo relacionarse con Dios. Y es esencial que los conceptos correctos sobre Dios se inculquen desde temprana edad. Por ejemplo, muchos conceptos dañinos que duran toda la vida se aprenden con afirmaciones tales como: "Dios no te quiere cuando tú eres desobediente", o, "si te portas siempre bien vas a ir al cielo". El niño nunca puede estar seguro de su situación espiritual cuando se usan afirmaciones con un "si" condicional.

Horace Bushnell dijo: "Hogar y religión son palabras afines: hogar porque es el asiento de la religión; religión porque es el elemento sagrado del hogar . . . Una casa sin techo pocas veces será un hogar más frío que una familia sin religión."

La Biblia y el Niño

Sorprendentemente, hay muy poco espacio en la Biblia dedicado al tema de los niños. A la luz de la abundancia de material sobre las relaciones padres-hijos en el día de hoy, podríamos esperar que la Biblia dijera mucho más en cuanto al tema. Las Escrituras instan a los padres a que sean la clase correcta de personas. La Biblia asume que, si esto es cierto, los niños crecerán para amar a Dios y servirle.

Una de las primeras afirmaciones de la Biblia que es una guía para los padres aparece en Deuteronomio 6:6-9:

Y estas palabras que yo te mando hoy,
    estarán sobre tu corazón;
y las repetirás a tus hijos,
y hablarás de ellas
    estando en tu casa,
    y andando por el camino,
    y al acostarte,
    y cuando te levantes.
Y las atarás como una señal en tu mano,
y estarán como frontales entre tus ojos;
y las escribirás
    en los postes de tu casa,
    y en tus puertas.

En este pasaje se establecen algunos principios importantes que de una u otra manera van a volver a aparecer a través de toda la Biblia.

1. *La Biblia enseña que, antes que nada, los padres deben estar en una relación correcta con Dios.* Dios le dijo a Abraham: "Porque yo sé que mandará a sus hijos . . . *después* de sí." El padre no puede señalar simplemente a su hijo el camino a seguir. Si la influencia del padre es importante, éste debe ser todo lo que espera que su hijo sea. El padre no sólo debe *conocer* el camino y *mostrar* el camino. El también debe *ir* por el camino.

Los padres que solamente les dicen a los hijos las verdades religiosas y los mandan a la iglesia, pueden tener poca esperanza de que los hijos elijan aceptar esas verdades y continuar yendo a la iglesia. "Cualquier padre que da buenas instrucciones a sus hijos y, al mismo tiempo, les da un mal ejemplo, puede considerarse como si les diera comida con una mano y veneno con la otra", dice John Balguy.

Los niños sólo pueden entender a Dios, el amor, la misericordia, el perdón, la aceptación y la verdad de la Palabra de Dios en la medida en que los experimenten en sus relaciones, particularmente en el hogar.

2. La Biblia asigna a los padres la responsabilidad de la educación religiosa de los niños. Dios ordenó el hogar como la institución para educar a los niños en el camino que deben seguir. Dios no planeó que la iglesia, el predicador, la escuela, o cualquier otro organismo lo hicieran. Los padres no deben culpar a tales organismos cuando sus hijos toman el camino equivocado.

El pasaje de Deuteronomio, citado anteriormente, dice que los padres deben enseñar con diligencia. La frase que se usa aquí es la misma que se usaba en hebreo para indicar cirugía. Los padres deben aplicar la verdad como el cirujano aplica el bisturí —precisamente donde está la necesidad de la vida del niño.

El desarrollo espiritual comienza en el hogar. No importa la eficiencia del trabajo con los niños de la iglesia; a menos que haya cooperación y aliento en el hogar, todo el esfuerzo se perderá.

El famoso predicador inglés Richard Baxter aceptó una parroquia rica y sofisticada. Durante tres años predicó fervorosamente, sin ningún resultado visible. "Por último, un día", escribió, "me tiré a lo largo en el piso de mi estudio y grité: 'Dios, tienes que hacer algo con esta gente, o me voy a morir'." Y continuó: "Fue como si Dios me hablara en voz alta y me dijera: 'Baxter, estás trabajando en el lugar equivocado. Tú esperas que el avivamiento venga a través de la iglesia. Prueba en el hogar'."

Baxter fue de casa en casa guiando a los padres a que se entregaran a Dios y a que establecieran la adoración familiar. El fuego comenzó a arder, hasta que toda la congregación había revivido, y las llamas de la renovación espiritual se extendían por todas partes.

Dios coloca una responsabilidad tremenda en los padres con respecto a la enseñanza. Esto se ve claramente en el pasaje de Deuteronomio. Note también la claridad del siguiente pasaje.

La responsabilidad de enseñar

Escucha, pueblo mío, mi ley;
Inclinad vuestro oído a las palabras de mi boca.
Abriré mi boca en proverbios;
Hablaré cosas escondidas desde tiempos antiguos,

Las cuales hemos oído y entendido;
Que nuestros padres nos las contaron.
No las encubriremos a sus hijos,
Contando a la generación venidera

Las alabanzas de Jehová,
Y su potencia, y las maravillas que hizo.
El estableció testimonio en Jacob,
Y puso ley en Israel,

La cual mandó a nuestros padres
Que la notificasen a sus hijos;
Para que lo sepa la generación venidera,
y los hijos que nacerán;

Y los que se levantarán lo cuenten a sus hijos,
A fin de que pongan en Dios su confianza,
Y no se olviden de las obras de Dios;
Que guarden sus mandamientos,

Y no sean como sus padres,
Generación contumaz y rebelde;
Generación que no dispuso su corazón,
Ni fue fiel para con Dios su espíritu.

—Salmo 78:1-8

Note cómo se coloca claramente la responsabilidad sobre los padres. El propósito de esta instrucción también es claro: (1) para que los niños también pongan su fe en Dios; (2) para que no se olviden de la obra de Dios o de guardar sus mandamientos; y (3) para que no se vuelvan contumaces o rebeldes.

Note también la influencia de los padres fieles en más de una generación, sobre Timoteo, el joven predicador. El apóstol Pablo escribió: "trayendo a la memoria la fe no fingida que hay en ti, la cual habitó primero en tu abuela Loida, y en tu madre Eunice, y estoy seguro que en ti también" (2 Timoteo 1:5).

"Pero persiste tú en lo que has aprendido y te persuadiste, sabiendo de quién has aprendido; y que desde la niñez has sabido las Sagradas Escrituras, las cuales te pueden hacer sabio para la salvación por la fe que es en Cristo Jesús. Toda la Escritura es inspirada por Dios, y útil para enseñar, para redargüir, para corregir, para instruir en justicia" (2 Timoteo 3:14-16).

3. *La Biblia enseña claramente que la instrucción de los padres debe ser constante y continuada.* La enseñanza religiosa debe ser hecha con palabra y con ejemplo durante todo el tiempo. No es una actividad para un momento sino debe ser desempeñada mañana, tarde y noche.

Muchos jóvenes reaccionan de una manera negativa a la piedad que se practica sólo el domingo por la mañana o en la adoración familiar. Ellos se dan cuenta rápidamente de la inutilidad de una vida así. En su libro *A Small Town Boy*, Rufus Jones cuenta acerca de un culto familiar en el hogar donde él creció: "Pero la vida religiosa de nuestra familia era algo más que esta devoción juntos por la mañana. La vida de nuestro hogar estaba saturada con la realidad y la práctica del amor . . . Era un hogar tradicional donde se nos nutría constantemente. Era un centro donde se edificaban vidas. Fue aquí donde se forjaron mis anclas."

Dios da a los niños una sensibilidad especial para

experimentar su presencia y su obra en la creación. El niño crece espiritualmente cuando los padres asocian a Dios con la vida que los rodea. Dios también ha llenado a los niños con preguntas. Se dice que el niño promedio hace 500.000 preguntas para cuando llega a los quince años. Esto significa medio millón de oportunidades de enseñar. Muchas de estas preguntas son: "¿Por qué?" y "¿cómo?", y nos llevan directamente a los pies de Dios.

Para muchos padres, la libertad religiosa significa liberarse de la religión. Ellos usan su tiempo en acumular bienes en vez de construir el carácter. Algunos han aceptado la falacia de que no deben enseñar religión al niño para que no tenga prejuicios. Que el niño elija, dicen. Pero tal actitud, de por sí, perjudica al niño. Cuando no hay ningún tipo de enseñanza en cuanto a Dios, se deja al niño como presa fácil para todo tipo de dioses y filosofías falsos.

4. La Biblia dice: *"Instruye al niño en su camino, y aun cuando fuere viejo no se apartará de él."* Es cierto que para guiar hay que instruir al niño o impartirle conocimiento. Pero la mayor parte de la enseñanza se comunica por el ejemplo. La palabra "instruir" se refiere especialmente al ejemplo. Las experiencias religiosas más importantes de una familia consisten en las cosas que suceden, diariamente, en el hogar entre todos los miembros de la familia.

En un artículo en *The Christian Home,* Donald Stuart Williamson escribe: "Dios ama y sana a las personas a través de otras personas, en la intimidad de las relaciones personales. Esta es la razón por la que los sentimientos y actitudes emocionales en la familia son la esencia de la experiencia religiosa familiar." El ejemplo de los padres estará siempre presente, y será de gran influencia para el hijo.

El clásico libro de Ian Maclaren *Beside the Bonnie Briar Bush* incluye un capítulo muy emotivo titulado "El sermón de su madre". Relata la historia de un joven ministro escocés, recién egresado de Edinburgo, que se acababa de trasladar con todos sus muebles a su primera parroquia en Drumtockty. Una tía soltera era su ama de llaves. El joven preparó con mucho cuidado su primer sermón para la nueva parroquia. Era una obra de erudición.

Un viernes por la noche, mientras le contaba a su tía sobre su sermón, sus mentes regresaron cinco años atrás. Se vieron arrodillados junto al lecho de su madre moribunda. Ellos recordaron las palabras de consuelo y de testimonio, de fe y de esperanza, que esa madre tuvo para su hijo. Ella le entregó su reloj y su cadena, y le dijo: "No hubo una hora en la que no haya orado por ti. Si Dios te llama al ministerio, no te niegues, y el primer día que prediques en tu iglesia, predica un buen sermón sobre Jesucristo."

Su tía le recordó las últimas palabras de su madre. Esas palabras transformaron su sermón esa noche, hasta que resultó lo que bien podría ser llamado el sermón de su madre.

Cierto joven expresaba su preferencia por una versión de la Biblia. Un amigo respondió: "Yo prefiero la versión de mi madre. Ella ha traducido la Biblia en el lenguaje de la vida diaria. La traducción de mi madre es la más clara."

Gypsy Smith escribió: "Papá está envejeciendo. Pronto voy a recibir la noticia de que papá murió. Yo voy a ir, y voy a mirar su rostro por última vez, y le voy a decir: 'Papá, tú lo hiciste muy difícil para mí. Tú hiciste que me fuera muy difícil hacer lo malo'."

Aunque la influencia del padre es muy grande, no debemos caer en la trampa de creer que si el padre hace todo perfecto el hijo terminará siendo bueno. Muchas veces los padres preguntan en las conferencias o retiros de familia: "¿No dice la Biblia que si nosotros instruimos al niño en su camino, él no se va a apartar de él, y aun si se apartara por un tiempo, va a regresar?"

La respuesta es que no queremos aceptar un determinismo que deja de lado la elección del hijo. Dios, nuestro Padre celestial, hace todas las cosas perfectamente. El no se equivoca; pero no quita a sus seres creados el derecho a elegir. Aun aquellos que gozan de sus más ricas bendiciones pueden, y a veces lo hacen, alejarse de su camino. Sin embargo, la promesa con respecto a la influencia y el ejemplo de un hogar piadoso es muy fuerte.

Tres Parábolas

Para concluir, quisiera compartir tres parábolas que Alta Mae Erb incluye en su libro *Christian Nurture of Children*[1]:

Tomé entre mis manos la pequeña mano de un niño. El y yo íbamos a caminar juntos durante un tiempo. Yo debía guiarle hasta el Padre. Era una tarea que me abrumaba, pues tremenda era la responsabilidad. Y yo le hablaba al pequeño solamente del Padre. Le pinté la severidad del Padre si el niño hacía cosas que no le agradaban. Pasamos junto a árboles altos. Yo le dije que el Padre tenía poder para derribarlos, echarlos abajo por su rayo fulminante. Caminamos bajo el sol. Le hablé de la grandeza del Padre que hizo el sol que quemaba y resplandecía.

Y, en un crepúsculo nos encontramos con el Padre. El niño se escondió detrás de mí; tenía miedo; no quería mirar a ese rostro tan severo. El recordó mi descripción; no quería poner su mano en la mano del Padre. Yo estaba entre el niño y el Padre. Comencé a examinarme. Yo había sido tan exageradamente serio.

* * *

Tomé entre mis manos la pequeña mano de un niño. Debía guiarle hasta el Padre. Yo me sentía agobiado por la multitud de cosas que iba a enseñarle. No perdimos el tiempo dando vueltas. Nos apurábamos para ir de un lugar a otro. En un momento estábamos comparando las hojas de los árboles, al siguiente estábamos examinando el nido de un pájaro. Mientras el

---

[1] *La Crianza Cristiana de los Niños*

niño me preguntaba en cuanto al nido, yo lo sacaba corriendo de allí para que siguiera a una mariposa. Si por casualidad se llegaba a quedar dormido, lo despertaba porque no quería que se perdiera nada. Yo quería que viera. Hablábamos del Padre a menudo y rápidamente. Yo vaciaba en sus oídos todas las historias que debía saber; pero a menudo nos interrumpía el soplido del viento, del cual debíamos hablar; la salida de las estrellas, que debíamos estudiar; el burbujear de la corriente, que debíamos seguir para ver dónde nacía.

Y luego, al crepúsculo, nos encontramos con el Padre. El niño apenas lo miró. El Padre le extendió su mano, pero el niño no tenía el interés suficiente para tomarla. Sus mejillas ardían de fiebre. Se dejó caer, exhausto, sobre el suelo, y se quedó dormido; otra vez yo estaba entre el niño y el Padre. Comencé a examinarme. Le había enseñado tantas, tantas cosas.

* * *

Tomé entre mis manos la pequeña mano de un niño para guiarlo hasta el Padre. Mi corazón estaba lleno de gratitud por el hermoso privilegio. Caminamos lentamente. Yo adaptaba mis pasos a los pasitos cortos del niño. Hablamos de las cosas que al niño le llamaban la atención.

A veces era una de las aves del Padre; mirábamos cómo construía su nido, y la mirábamos poner sus huevos. Después nos interesaba el cuidado que daba a sus hijitos.

A veces juntábamos las flores del Padre, y apretábamos sus pétalos suaves, y admirábamos sus colores brillantes. A menudo contábamos historias del Padre. Yo se las contaba al niño y él me las contaba a mí. Nos las contábamos los dos, una y otra vez. A veces parábamos para descansar, recostándonos en los árboles del Padre, y dejábamos que su aire refrescara nuestra frente, y no hablábamos.

Y luego, al crepúsculo, nos encontramos con el

Padre. Los ojos del niño brillaron. Miró hacia arriba con amor, confianza y deseo, al rostro del Padre; puso su mano en la mano del Padre. Por un momento se olvidaron de mí. Yo estaba contento.

CUESTIONARIO PARA PADRES EN CUANTO A DIOS

Marque la respuesta en la columna apropiada: cierto, falso o generalmente.

C F G

__ __ __ 1. Tengo siempre un momento de lectura de la Biblia y oración personal.

__ __ __ 2. En nuestra familia el padre es el principal responsable como guía espiritual.

__ __ __ 3. Leemos juntos la Biblia y oramos regularmente como familia.

__ __ __ 4. Procuro ser un ejemplo en las cosas que enseño a mi hijo.

__ __ __ 5. No "mandamos" a nuestros hijos a la iglesia. Vamos todos regularmente como familia.

__ __ __ 6. Hablar de Dios, de la oración, de la Biblia y de temas religiosos es normal en nuestro hogar.

__ __ __ 7. Nuestros hijos sienten que los asuntos religiosos tienen la prioridad principal en nuestro hogar y en nuestras decisiones.

PARA DISCUSION

1. ¿Cómo puede llevarse a la práctica Deuteronomio 6:6-9 en el día de hoy?

2. Discuta la afirmación de Canon Lum: "Las palabras religiosas sólo tienen valor para el niño cuando su experiencia en el hogar les da sentido."

3. ¿Hay algún valor en enviar al niño a la iglesia si los padres no van?

4. ¿Qué significa para el niño si sólo la madre ora en el hogar o lee a sus hijos historias de la Biblia? ¿Qué dice de la iglesia cuando solamente la madre y los hijos asisten?

5. Discuta la idea de que el padre debe asumir la responsabilidad principal por los asuntos espirituales en el hogar.

6. ¿Cuál es la reacción suya en cuanto al determinismo tal como fue presentado en la última parte del capítulo?

7. Comparta lo que piensa de esta afirmación: "El niño no puede ser una persona completa si sólo se llenan las necesidades físicas, sociales, mentales y emocionales, mientras que se ignoran las necesidades religiosas o se dejan para que se desarrollen solas."

8. Discuta la idea de que el padre es el primer concepto que el niño forma de Dios. ¿Qué se puede hacer por los niños que no tienen un padre amante, bueno y considerado?

9. Reflexione sobre las tres parábolas al final del capítulo, y analice por qué fracasaron los maestros en las dos primeras, y por qué el tercer enfoque tuvo éxito.

Apéndice A
¿HASTA DONDE ES USTED PERMISIVO?

Un cuestionario para ayudar a los padres a encontrar el punto medio entre demasiada o muy poca libertad para sus hijos.

El ser permisivos ha llegado a ser una frase de batalla entre los padres y los sicólogos de niños. La idea que prevalece actualmente es que es factible dar al niño demasiada libertad. Por otro lado, sin embargo, el jovencito de hoy ha demostrado que sencillamente no va a aceptar muchas de las restricciones que tuvieron sus padres cuando fueron jóvenes.

Todo esto deja a padres y madres en la incertidumbre. "A menudo los padres sienten que están indecisos entre ser permisivos y ser estrictos", dice el destacado sicólogo de niños W. T. Byers. "El sentido común les dice que tienen que ser un poco de las dos cosas, pero están cargados de dudas en cuanto a cuándo ser una cosa, y cuándo ser la otra."

Para ayudar a clarificar estas dudas, y para dar una idea a los padres de lo permisivos que son, Byers y otros sicólogos de niños han preparado el siguiente cuestionario. Compare sus respuestas con las de los expertos, y luego decida cuándo se es demasiado permisivo.

Preguntas

1. ¿Se debe requerir a los niños menores de doce años que ayuden con tareas tales como lavar los platos, tender las camas o limpiar? Sí. No.

2. Su vecina se queja de que el hijo de usted le ha pisoteado su plantío de flores. Usted: (a) decide que ella se molestó demasiado por algo sin importancia; (b) castiga al niño; (c) regaña a su hijo y hace que vaya a pedir perdón.

3. Su hijo quiere una bicicleta nueva que, en realidad, usted no puede comprar. Usted: (a) le dice que no la puede tener; (b) busca el dinero para comprarla; (c) se la promete para más adelante cuando sus finanzas se lo permitan.

4. Su hijo insiste en ver un programa de televisión que usted considera demasiado violento. Usted: (a) deja que lo mire de cualquier manera; (b) cambia a otro programa; (c) apaga el televisor.

5. Cuando sus hijos jovencitos no están en casa, ¿está usted bastante seguro de dónde se encuentran? Sí. No.

6. Para decidir la cantidad de dinero que va a dar a su hijo periódicamente, usted se basa en: (a) lo que usted gana; (b) lo que reciben los amigos de su hijo; (c) lo que usted cree que es lo mejor para su hijo.

7. ¿Debe usted, como un castigo, enviar a su hijo menor de doce años a la cama sin cenar? Sí. No.

8. Su hijo se queja de que los deberes escolares son demasiado difíciles. Usted debería: (a) sentarse y ayudarle a hacerlos; (b) decirle que luche un poco más con ellos; (c) llamar al día siguiente a la maestra para ver cuál era el problema.

9. Para animar a su hijo a que haga bien sus exámenes, usted debería: (a) advertirle que es mejor que los haga bien, porque si no, no va a ver más televisión; (b) prometerle una recompensa si los hace bien; (c) mantener la calma y explicarle que los resultados del examen dependen de él.

10. ¿Continúa leyendo a sus hijos, aun cuando pueden leer bastante bien por sí mismos? Sí. No.

Respuestas

1. Sí. En una encuesta reciente en Los Angeles, sólo el 28 por ciento de los padres entrevistados dijeron que ellos insistían en que los varones y las niñas realizaran tareas hogareñas regularmente. Algunas madres y padres permisivos explicaron que, como generalmente los niños no hacían bien los trabajos, no valía la pena insistir en que los hicieran. Otros dijeron simplemente que no era necesario que los niños ayudaran. El sicólogo Byers dice: "Al no demandar de sus hijos un trabajo regular, los padres no los están preparando bien para la vida, donde cada persona tiene que llevar su propia carga. Muchos padres no se dan cuenta dónde termina el cuidado en amor, y dónde empieza la malcrianza."

2. c. Byers hizo esta pregunta a 200 padres. Cerca de la mitad respondieron que la vecina estaba haciendo demasiado escándalo. Sólo 30 dijeron que ellos regañarían al niño y lo enviarían a que se disculpara ante la vecina. "A pesar de lo que el padre piense de cierto individuo", comenta el sicólogo, "nunca se debe animar al niño a dejar de lado su obligación social hacia tal persona".

3. a. En la encuesta de Byers, 80 de los 200 dijeron que tratarían de conseguir el dinero para comprarle la bicicleta. La mayoría de los otros respondieron que tratarían de comprarle algo que no costara tanto. "Tener la valentía de decir 'no' ", dice el sicólogo, "es una virtud muy rara en los padres de estos días".

4. b. "Lo importante aquí" comenta Byers, "no es si la violencia en la televisión puede dañar al niño, sino si el padre expresa explícitamente su aprobación o desaprobación de ese programa. Un padre que es estricto, aunque puede ser que esté equivocado en algunos temas, va a ejercer menos daño en la educación del niño que el padre permisivo que sufre constantemente en cuanto a si está o no haciendo lo correcto. Apagar el televisor debe usarse sólo como último recurso."

5. Sí. Según Byers, los jovencitos se sienten más seguros y con menos probabilidades de estar en problemas cuando sus padres saben dónde y con quién están.

6. c. "Un padre no puede basarse en cuánto dinero reciben los otros niños para determinar la cantidad que le va a dar a su hijo", dice Byers. "Ni puede fijar la cantidad según lo que él gana, a menos que esté en una situación económica muy difícil. La única preocupación debe ser lo que el padre piense que verdaderamente es la cantidad apropiada para su hijo."

7. Sí. "Mandar al niño a la cama sin comer es más efectivo que una paliza", dice el doctor Wolfgang Lederer. "Si esta forma de castigo sólo se administra de vez en cuando, los padres no necesitan preocuparse de que su hijo se vaya a morir de hambre."

8. b. "Hacer demasiadas cosas por el niño puede causar más daño que no hacer lo suficiente", dice Lederer. Los padres que se forman el hábito de ayudar con los deberes escolares crean una reacción de dependencia que hace que el niño preste menos atención a su trabajo en clase.

9. c. "Creo que la atmósfera que creamos en el hogar es la que alienta el esfuerzo del niño, y no las amenazas o el soborno", dice el sicólogo de la educación, Philip J. Oliver.

10. Sí. Oliver comenta: "El leer en voz alta unos a otros es uno de los mejores medios de comunicación entre los adultos. El padre que introduce al niño en este pasatiempo está iniciándolo en uno de los placeres más grandes de la vida, al mismo tiempo que cultiva un deseo sano de mejorar intelectualmente."

Apéndice B

COMPRENSION DEL CRECIMIENTO POR EDADES

Este cuadro trata de resumir algunas de las características que experimentan la mayoría de los niños y jovencitos. Las fuentes para este material incluyen al Departamento de Salud de Minnesota, así como los escritos de los siguientes doctores: Arnold Gesell, Kent Gelbert, Frances L. Ilg y Milton I. Levine, al igual que de John Leuellen y Williard C. Olson. Reproducido con permiso de *Sex Education.* Copyright 1968. Sacred Design Associates, Inc., 840 Colorado Avenue, So., Minneapolis, Minnesota 55416.

	FISICO	SOCIAL	ESPIRITUAL	SEXUAL
5 AÑOS Jardín de Infantes	El niño puede correr, saltar, trepar. A esta edad aprende a brincar y a saltar por encima de otro. Crece aproximadamente 15 cms. y gana unos 5 kg. de peso. Puede vestirse solo, atar sus zapatos, cepillarse los dientes, abotonar su	El niño aprende a relacionarse con otros fuera del hogar. A esta edad es muy importante la actividad con otros. Los niños deben aprender a dar y recibir en preparación para la vida. Le gusta estar en casa con la mamá o saber que	Acepta el hecho de Dios como Creador y Padre amante. A veces confunde los nombres y las personas de Dios y Jesús. A veces le preocupa la idea de que Dios ve todo lo que él hace. Le gustan las historias de la Biblia. En general, le	Generalmente el niño tiene curiosidad en cuanto a "de dónde vino". Hace muchas preguntas en cuanto a los bebés. Es curioso en cuanto a la diferencia entre varón y mujer. La unidad familiar es un buen comienzo para la infor-

ropa. Gana habilidad para leer.	ella está cerca.	gusta estar en la clase de la escuela dominical.	mación sexual básica, que debe progresar gradualmente en las edades sucesivas.

**6 AÑOS
1 Grado**

El niño continúa siendo muy inquieto. Mejora la coordinación. Puede dar volteretas. Comienza a perder los dientes de leche. Le es difícil sentarse quieto durante períodos largos de tiempo. Su lapso de atención es muy corto. Aprende a leer y tiene un concepto de los números.	A esta edad se debe hacer un ajuste social. El niño aprende a interrelacionarse con otros en mayor escala. Aprende gradualmente a controlar sus emociones y su conducta. Busca que los adultos aprueben sus acciones.	Está comenzando a desarrollar un sentido de valores. Dios es importante. Puede aceptar el hecho de que Dios lo ve, pero lo opuesto no es verdad. Espera que sus oraciones sean respondidas de manera literal e inmediata. Está listo para recibir más historias de la Biblia y le gusta la dramatización. Sus ideas son concretas, todavía no entiende lo abstracto.	El concepto de la familia como unidad básica es de importancia continua. El niño está interesado en los nuevos miembros de su familia, cómo han nacido, las diferencias de los sexos, etc., como ocurría en la edad del jardín de infantes. Le interesa el "cómo" de a reproducción. Hace preguntas acerca del apareamiento de los animales.

7 AÑOS **2 Grado**	El niño tiene aún mucha energía. Su coordinación sigue mejorando, de manera que ahora puede manejar las herramientas para escribir, dibujar, etc. Sigue teniendo un corto lapso de atención. Generalmente hace mucho ruido y es activo. El crecimiento es lento.	En esta edad, el niño necesita que lo ayuden a tener confianza en sí mismo como miembro de la sociedad. A menudo es soñador y extremadamente sensible a la aprobación o desaprobación de los demás. Le gusta competir con otros en juegos de equipo, pero siempre quiere ganar, es un mal perdedor.	Piensa mucho en cuanto a Dios y el cielo. Puede participar en discusiones en la clase, usando conceptos más abstractos. Los héroes de la Biblia le parecen muy reales. Le gustan las historias de la Biblia. Puede empezar a tomar decisiones en cuanto a las acciones de su vida.	El niño de siete años comienza a crecer más firmemente desde el egocentrismo hacia ser un miembro de la comunidad, y esto viene acompañado por la capacidad de distinguir las diferencias sexuales. Frecuentemente se le puede ver tocando sus órganos sexuales. Le gusta ir con otros niños al cuarto de baño a reírse de las funciones orgánicas; pueden tocarse unos a otros sus órganos genitales.
8 AÑOS **3 Grado**	Tienen la coordinación necesaria para	Los varones aprenden que es importante ser	Su mundo se está expandiendo y se puede	La modestia viene a ser muy importante en

poder andar sobre patines, aprender danzas folklóricas sencillas, etc. Crecen bastante en este año. Su lapso de atención se aumenta, de manera que puede trabajar durante períodos más largos.

valiente en cualquier situación. El niño quiere aparentar que ya es mayor, y, sin embargo, depende de sus padres y maestros. Tiene mucha inclinación a ser dominante. Sus clubes son generalmente de su sexo. Comienza a verse a sí mismo como persona.

introducir el interés en las misiones. Tiene muchos interrogantes en cuanto a cosas que antes aceptaba por fe. Ahora puede leer solo su propia Biblia. Puede aceptar el amor perdonador en las experiencias de la clase.

el niño. Las preguntas sexuales son menos frecuentes. En esta época ocurre un cambio en las glándulas sexuales; las hormonas del crecimiento se hacen más activas, mientras que las hormonas sexuales se aquietan. Los varones se interesan por los chistes "sucios" y las palabras vulgares. Es probable que pregunten en cuanto al papel del padre en la reprocucción.

9 AÑOS 4 Grado

El crecimiento va disminuyendo en los varones y, generalmente, hay una explosión

Los clubes y actividades en grupo son importantes. Cada club prefiere a los de su

A esta edad el niño puede abarcar la historia de la Biblia. Le gustan los héroes, y

Desde ahora hasta los trece años es un período de preparación para la adoles-

de crecimiento en las niñas. La coordinación es excelente. En algunas niñas aparecen los senos y el vello púbico, aunque en la mayoría todavía no hay tal desarrollo.

propio sexo. Estos grupos ayudan a formar buenos patrones de conducta. El entusiasmo corre más rápidamente que sus habilidades. Quiere ser como los de su grupo.

puede ser motivado en gran manera hacia un carácter y acción cristianos, si tiene un maestro que lo conozca y aliente. Puede comprender el servicio a los demás, y también puede abarcar la idea de la iglesia universal.

cencia. El desarrollo sexual no es muy marcado. Las niñas pueden comenzar su menstruación. Puede de ocurrir la discusión del sexo con los amigos.

10 AÑOS
5 Grado

Las niñas empiezan a pasar a los varones en estatura. Los juegos en equipo son más importantes ahora.

Las niñas y los varones parecen no gustarse unos a otros durante el quinto y el sexto grados. Aparentemente su humor es sólo gracioso para los de su grupo. Las niñas tienen mejores amigas, a menudo muchas. Las relaciones con los demás

En esta edad el niño es responsable y puede discutir su fe cristiana. Puede continuar aprendiendo los hechos de la Biblia y aplicarlos a su propia vida. Puede comprender del significado de la mayordomía cristiana.

La mayoría están informados en cuanto a la menstruación. Algunos están interesados por conocer los detalles de la reproducción (niñas). Algunos han experimentado juegos sexuales normales. Han oído del acto sexual, les interesan

11 AÑOS 6 Grado			
El espíritu competitivo es muy fuerte. Los deportes en equipo son muy populares. En este año hay una diferencia bastante grande en el desarrollo físico de las niñas. La mayoría ha comenzado a mostrar el crecimiento de sus senos y ha alcanzado el 90 por ciento de su estatura total. Los varones todavía no muestran madurez sexual.	A esta altura están muy interesados en actividades de exploración y otras similares. Todavía están muy apegados a la familia, aunque en su conversación, aparentemente, menosprecian a la misma. Sus amigos siguen siendo del mismo sexo, y sus relaciones con los demás son más sentimentales y complicadas.	El niño de once años comienza a pensar en la ocupación de su vida, y se le puede animar a relacionar su fe con su elección vocacional. Responde a las actividades de grupos en la iglesia, y le agradan. Puede crear expresiones tangibles de su fe, y debe tener oportunidad para estas actividades creativas.	La mayoría de las niñas están informadas en cuanto a la reproducción y el acto sexual, aunque no sobre la base de los hechos, con conceptos biológicos más que de relaciones. La mayoría de los varones saben acerca de la masturbación, y han tenido alguna experiencia en ese sentido. Algunos experimentan erecciones provenientes de estímulos no eróticos.
	son más íntimas que antes.		los chistes "sucios". Muchos experimentan torrentes de curiosidad en cuanto al sexo.

Las niñas maduran más rápidamente que los varones. Los varones, generalmente, maduran alrededor del noveno grado. Algunos varones de séptimo grado tienen vello púbico y experimentan el crecimiento de sus genitales. Las niñas leen novelas románticas y sueñan, mientras que los varones se interesan más en los deportes y las actividades físicas. Los senos de las niñas comienzan a llenarse, se desarrolla el vello de las axilas y suele ocurrir la primera menstruación. La torpeza es común en esta etapa.

Los varones siguen interesados en las pandillas o actividades de grupo. Les gustan los deportes y salir de caza con otros niños. Ambos sexos están tratando de romper los lazos familiares. Los de octavo y noveno grados están más interesados en el sexo opuesto, hasta cierto punto.

En esta edad están comenzando a dominar el pensamiento abstracto, por lo que pueden participar en discusiones éticas. Comienzan a tener dudas y hacen preguntas en cuanto a la religión. Se les debe alentar en este sentido, y deben tener como guía a un maestro comprensivo y hábil. A veces piensan de Cristo como un hombre de coraje, que tuvo la valentía de morir en la cruz. Necesitan que se les guíe a aplicar este concepto de una manera personal, en sus propias vidas.

La educación sexual debe ser honesta y alcanzar su plenitud en cuanto a los hechos biológicos. Ahora comienzan a desarrollar con fuerza el aspecto de las relaciones. Los varones pueden experimentar emisiones de semen mientras duermen. La mayoría de las niñas habrán comenzado a menstruar. Los adolescentes se preguntan cómo usar sus capacidades sexuales; hacen bromas en cuanto a esto, y tratan de acariciarse cuando tienen una cita.

15, 16 17 y 18 AÑOS 10, 11, y 12 Grados

La mayoría de estos jóvenes ha alcanzado la madurez sexual. Los varones tienen una excelente coordinación en las actividades deportivas. Las niñas hacen más visible su femineidad. Es importante controlar su dieta alimenticia para que puedan ser fuertes y tener un buen físico. El acné es un problema.

Aunque lo más sabio sería no comprometerse con nadie en particular, los jóvenes se inclinan por tener citas regularmente con una persona del otro sexo. Encuentran seguridad en salir siempre con la misma persona para las actividades de la escuela. La mayoría de sus actividades se desarrollan fuera del hogar.

En esta edad, los jóvenes tienen un horizonte amplio y quieren estructurar sus propias actividades. El líder comprensivo tiene un valor muy grande. Además, los jóvenes de esta edad pueden pensar más profundamente en lo abstracto. Necesitan que se les ayude a comprender el problema de la ética. Tienen toda una vida por delante, y es el tiempo de pensar en las vocaciones cristianas. Pueden responder con profunda emotividad a la adoración y al liderazgo cristianos. La iglesia puede tomar ventaja de esta situación.

La necesidad de una orientación adulta en la educación sexual es extremadamente importante en esta edad, pues se tienen fuertes sentimientos y necesidades sexuales.

LIBROS DE

EDITORIAL MUNDO HISPANO

Orientan y Educan

LIBROS DE

EDITORIAL MUNDO HISPANO

Para la Familia

COMO SER FELIZ EN EL MATRIMONIO, E. F. Daniels. No. 46066

Seis ediciones en castellano. Habla de la meta tan ansiada de todos los matrimonios, ante la situación alarmante de divorcios. Libro práctico y motivador que nos muestra el camino hacia la felicidad.

¿POR QUE ESPERAR HASTA EL MATRIMONIO?, Evelyn M. Duval. No. 46044

Cuatro ediciones en castellano. Trata eficazmente un tema sumamente delicado, que no debe tomarse a la ligera, analizado a la luz de la medicina, la sicología y la religión.

LOS HOMBRES EN SU CRISIS DE MEDIA VIDA, Jim Conway. No. 46088

Nuevo. *Bestseller* en inglés. Trata de la experiencia universal del varón con franqueza, seriedad y ofreciendo soluciones válidas, avaladas por abundante experiencia clínica.

Serie sobre el Sexo en la Vida Cristiana

CREADOS PARA CRECER, Robert y Annelle Harty. No. 46251

Tres ediciones. Para niños de 6 a 8 años. Establece los fundamentos para una actitud sana acerca de la sexualidad humana.

ESTOY CRECIENDO Y ESTOY CAMBIANDO, David Edens. No. 46252

Tres ediciones. Para niños de 9 a 11 años. Relata el plan de Dios en la creación de los diferentes sexos. Da información veraz, con tratamiento delicado y apropiado, respondiendo a preguntas sobre la concepción, el nacimiento y el crecimiento de los seres humanos.

MI DESARROLLO SEXUAL, K. Crawford y P. Simmons. No. 46257

Cuatro ediciones. Para adolescentes. Contesta preguntas sobre la relación entre el cristianismo y la sexualidad. Informa acerca del conjunto biológico, el desarrollo de papeles masculinos y femeninos y el proceso reproductivo.

DE PADRES A HIJOS ACERCA DEL SEXO, W. Wayne Grant. No. 46255

Tres ediciones. Para adultos. Un libro que habla con sencillez, franqueza y sensatez. Muy útil para los padres, educadores y consejeros.

HECHOS EL UNO PARA EL OTRO, J. W. Drakeford. No. 46256

Para jóvenes mayores, parejas comprometidas y adultos. Un libro que es de gran ayuda a los lectores, casados o solteros, para que se comprendan a sí mismos.

Serie Libros Populares

LA AMISTAD: Factor Indispensable en las Relaciones Humanas, Alan Loy McGinnis. No. 46093

Algunas personas poseen amistades incontables que saben disfrutar y conservar. ¿Cuál es su secreto? ¿Cómo se puede ser mejor amigo de aquellos a quienes se ama?

¿Qué relación hay entre la amistad y la relación conyugal? Este libro da las respuestas.

COMO LLEGAR A SER VENCEDOR, Rafael Escandón. No. 46092

Libro ameno y estimulante, especialmente apropiado para la juventud, que proporciona abundancia de ejemplos de personas que han triunfado y nos descubre su secreto. Termina presentando a Cristo como el gran triunfador por excelencia.

DOMINE LAS TENSIONES, Phillip Keller. No. 46094

Un enfoque muy sugestivo al problema humano universal, citando y analizando las tensiones más comunes y su fórmula convincente para liberarnos de ellas.

Novelas

CUANDO LLORA UN GUERRILLERO, Luis Alberto Maldonado. No. 37014

Siete ediciones en español. *Bestseller* basado en un caso real.

MATRIMONIO SORPRENDENTE, Pancho Pico. No. 37022

Cuatro ediciones en castellano. Suspenso, romance y mensaje son las características de esta novela juvenil.

Educación

PEDAGOGIA ILUSTRADA, Tomos I, II, III, Leroy Ford
    Tomo I. Principios Generales. No. 11001
    Tomo II. La Conferencia en la Enseñanza.
            No. 11027
    Tomo III. El Grupo de Discusión. No. 11040

Mediante diagramas gráficos el autor ilustra métodos esenciales para el buen aprendizaje. Muy útil para todo educador.

LAS SIETE LEYES DE LA ENSEÑANZA, J. M. Gregory. No. 11414

Esta obra trata de una manera sencilla y eficaz las leyes que se deben observar para lograr el aprendizaje.

Trabajos Manuales

150 COSAS QUE HACER CON PAPEL, Pettit-Patterson. No. 26604

Libro preparado especialmente para maestros de niños de 4 a 12 años de edad. Algunas cosas sirven para cualquier edad. Muy útil para el hogar, la escuela y reuniones sociales.

SERIE LIBROS PARA COLOREAR

1. Animales que Dios Creó.	No. 38560
2. Los Animales del Arca.	No. 38561
3. Allá en el Pesebre.	No. 38562
4. El Niño Jesús.	No. 38563
5. Cultivemos una Huerta.	No. 38564
6. Versículos "Llave"	No. 38565

Religión

MARAVILLAS DE LA CREACION, Varios autores. No. 09092

El primer libro de ciencias para la biblioteca familiar, magníficamente ilustrado con fotografías a todo color.

EL FASCINANTE MUNDO DE LA BIBLIA, Nelson Beecher Keyes. No. 03665

Reúne las investigaciones recientes con la moderna cartografía y una profusión de testimonios fotográficos en una especie de desfile de la historia, capaz de hacernos sentir la fuerza y la vitalidad de aquella época incomparable.

LAS RELIGIONES VIVAS, Roberto Hume. No. 05758

Nueve ediciones en castellano. Describe y analiza las características y creencias fundamentales de las principales religiones que existen en nuestro mundo de hoy.

UN ENFOQUE CRISTIANO A LA FILOSOFIA, W. C. Young. No. 09016

La filosofía vista desde la perspectiva cristiana-evangélica.

ENCICLOPEDIA DE HISTORIAS BIBLICAS, Robertson-King. No. 03663

Un texto bien logrado, con una vívida narración de los sucesos más importantes recogidos en la Biblia. Ilustrado a todo color en una edición de lujo.

JESUS EL AMIGO DE LOS NIÑOS. Versión castellana de Carol C. de Martínez, Ilustrado por Richard y Frances Hook. Tapa flexible, No. 38553. Edición lujo, No. 38552

Es el relato, ilustrado a todo color, de la historia más importante que el niño jamás oirá y leerá. Una obra maestra.

Motivación

NOS VEREMOS EN LA CUMBRE, Zig Ziglar. No. 46100

Nuevo. *Bestseller* en inglés con 27 ediciones y más de 700.000 ejemplares vendidos. El autor de *Nos Veremos en la Cumbre* está convencido de que todos somos capaces de lograr el éxito, porque si bien encontramos cosas que parecen cerrarnos el camino a él, nunca nos falta la capacidad necesaria para librarnos de ellas o, incluso, para saber usarlas en provecho propio.